챗GPT 영어 혁명

지금 바로
0원으로

AI와 함께
떠나는 어학연수

챗GPT
영어 혁명

슈퍼윌 김영익 지음

동양북스

10년 가까이 책을 쓰고 강의를 하면서 가져온 고민이다.

'책을 읽는 사람 중 몇 명이나 성과를 거둘 수 있을까?'

당신의 인생에서 책을 읽고 강의를 듣는 일보다 중요한 것은 이 책을 활용해서 영어를 잘하는 것이다.

그래서 이 책에 당신의 시간을 빼앗을 만한 내용은 넣지 않았다. 당신이 1시간이면 읽고 바로 실천할 수 있다.

기대해도 좋다. 1년 동안 5천만 원이 드는 미국 어학연수를 혼자서, 0원으로, 지금 바로 한국에서 할 수 있는 노하우를 알려주겠다. 바로 실천할 수 있게, 1초의 낭비도 없이 말이다.

당신에게 질문을 하나 하겠다.

당신은 영어를 잘하는가?
외국인과 영어로 막힘없이 대화할 수 있는가?
미국 드라마, 영화를 자막 없이 보고 이해할 수 있는가?
지금처럼 영어를 공부하면 언젠가는 미국인처럼 말할 수 있을 거라 생각하는가?

그렇다면 이 책은 당신을 위한 책이 아니다. 이 책을 절대 사지도 말고 멀리하라. 만약 당신이 모든 질문에 아니라고 말한다면 축하한다. 이 책은 당신을 위한 책이다.

다시 말하지만 이 책은 1시간이면 전부 읽을 수 있다. 당신이 딱 1시간만 투자해서 이 책을 끝까지 읽는다면 앞으로 영어 잘하게 될 것이다.

수십 번의 실패를 끝내는 데 '1시간'이면 충분하다.

괜찮지 않은가?

챗GPT 영어 혁명 챌린지

영어를
공부하니까
영어를
못하는 것이다.

해외 주재원 하면 어떤 이미지가 먼저 떠오르는가? 드라마 〈미생〉의 엘리트 상사맨이 떠오르지 않는가? SKY 혹은 그에 버금가는 대학을 나와 엄청난 경쟁률을 뚫고 입사한 회사에서 뛰어난 능력을 발휘하는 사람 말이다. 그렇다면 해외 주재원들은 모두 영어를 잘할까? 영어로 비즈니스 미팅을 하고, 영문 계약서를 척척 작성하고 전문 용어들을 막힘없이 구사할까?

실제로 내가 해외 영업 일선에서 일하며 본 해외 주재원의 모습은 많이 달랐다. 직설적으로 말하면 해외 주재원들은 영어를 잘하지 못한다. 해외 주재원만 그런 게 아니다. 해외 영업 일선에서 활약하는 사람, 외국계 회사에서 일하는 사람들도 마찬가지다.

나는 해외 비즈니스 현장에서 9년 가까이 근무했다. 국내 기업뿐 아니라 애플, 구글, 나이키, 마이크로소프트, 오라클 등 외국계 기업 직장인들을 대상으로 영어 회화 강의를 했다. 그만큼 비즈니스 현장의 영어 수준을 누구보다 잘 알고 있다.

놀랍게도 소수의 사람을 제외하고 대부분은 영어로 소통하는 것을 힘들어한다. 여행을 갔을 때 호텔 프런트데스크에 원하는 요구 사항을 말할 수 없다. 엘리베이터나 거리에서 외국인과 마주쳤을 때 간단한 대화를 나눌 수 없다. 왜 그럴까?

바로 영어 공부를 너무 열심히 했기 때문이다. 영어를 아무리 배워도 외국인을 만났을 때 말 한마디 못하는 이유는 아웃풋 중심의 학습이 아니라 '영어 공부'라는 인풋만 반복하기 때문이다. 뫼비우스의 띠처럼 악순환을 거듭하는 것과 같다. 아웃풋을 전제하지 않는 인풋은 금방 사라진다. 밑 빠진 독에 물 붓기다.

영어를 잘하는지 못하는지는 중요하지 않다. 문법과 단어를 얼마나 많이 알고 있는지도 중요하지 않다. 중요한 것은 영어를 어떻게 이용할지, 그 목적이다. 한마디로 공부보다 실전 적용이 핵심이다.

사회에 나가면 영어는 성과를 내는 도구가 된다. 만약 영어를 자유롭게 쓰고 말할 수 있다면 미국 본사나 해외 비즈니스 파트너

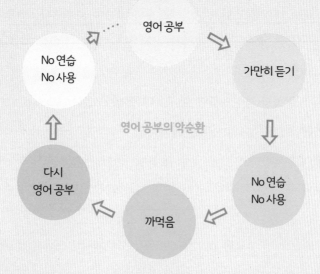

영어 공부의 악순환

의 소통 담당자가 될 것이다. 해외 출장에 반드시 필요한 직원이 될 것이다. 그러면 그 성과가 다음 기회를 불러와 기회의 선순환이 만들어진다. 승진도, 이직도, 연봉 협상도 쉬워질 것이다.

취업, 이직을 하려는 사람들은 마땅한 직장이 없다고 난리다. 하지만 지구 반대편 외국계 기업에서는 한국을 포함한 아시아 시장을 맡아줄 '영어 가능한' 지사장을 구하기가 어렵다고 말한다. 그런 상황을 수없이 목격해왔다. 업무 능력은 되는데 영어가 안되는 사람이 너무 많은 것이다.

당신 주변에는 영어를 자유롭게 구사하는 사람이 있는가? 가

족 중에는 영어를 자유롭게 말할 수 있는 사람이 있는가? 없다면 당신이 영어를 잘하는 첫 번째 사람이 되기 바란다. 그래서 당신의 (현재 또는 미래의) 아들, 딸에게 영어를 자유롭게 하는 능력을 물려주자. 지금까지 나는 엄마, 아빠가 영어를 잘하는데 아이가 못하는 경우는 본 적이 없다.

사실 대대손손 영어 잘하는 능력을 만들어주기 위해 30억이 넘는 아파트를 사서 강남으로 이사를 간다. 결과는 어떨까? 매년 영어 사교육비로 수억을 쓴다.

- 영어 유치원 약 200만 원×12개월 = 2400만 원
- 영어 학원 40만 원×12개월 = 480만 원
- 미국 어학연수 400만 원×12개월 = 4800만 원
- 사립초등학교, 국제중학교 등 특수형 학교 학비 제외
- 영어 책, 전화 영어, 비행기표, 여행비 등 자질구레한 비용 제외

부모들이 이렇게까지 자녀 영어 교육에 돈을 투자하는 이유는 영어만 잘해도 밥 먹고 사는 데 지장이 없기 때문이다. 영어는 기회다. 인생에서 게임 체인저가 될 수 있다. 별 볼 일 없던 내 인

생을 바꾼 것처럼 말이다.

하지만 실제 삶에서 영어를 진정한 무기로 삼는 사람은 아주 드물다. 대부분의 사람이 영어 공부해서 대학 가고 취직하는 것에 만족한다. 그 이후에는 삶에서 영어를 버린다. 당연히 좋은 기회는 더 이상 찾아오지 않는다. 핵심은 영어로 더 많은 기회, 더 높은 소득을 얻는 것이지 오래 공부하는 게 아닌데 말이다.

나 역시 그런 함정에 빠졌던 시기가 있다. 고등학교, 대학교 때 영어 공부를 안 한 것도 아닌데, 수능 영어 점수를 만점 가깝게 받았는데 워킹홀리데이로 간 호주에서 말 한마디 제대로 못했다. 돌아보니 호주에 온 한국인 형, 누나, 동생, 친구 대부분이 그랬다. 생각해보니 학교, 학원에서 나를 가르쳤던 영어 선생님도 영어를 유창하게 말하지 못했다. 심지어 같이 근무하던 해외 주재원들도.

영어를 공부하는 것과 잘하는 것은 다르다. 영어 잘하는 사람은 영어 학습의 목적이 뚜렷하다.

· 영어로 기회를 만들고 돈을 버는 것
· 외국인과 막힘없이 영어로 대화하는 것

영어 잘하는 사람은 영어 공부에 집착하지 않는다. 목적에 초점을 맞춘다.

나는 당신이 영어를 잘했으면 좋겠다. 영어를 어떻게 공부하는지 모르는 당신에게 제대로 된 영어 학습법을 알려주고 싶다.

그래서 당신이 영어에 대한 두려움을 없애고 꼭 다음과 같은 감정을 느껴봤으면 좋겠다. 발리 바닷가에서 외국인과 함께 뛰노는 즐거움, 해외 게스트하우스에서 처음 보는 사람과 대화하는 설렘, 피부와 눈동자, 머리카락의 색이 다를 뿐 아니라 전혀 다른 환경에서 살아온 사람들과 언어로 마음이 통했을 때의 짜릿함, 외국인과 어렵지 않게 가벼운 농담을 주고받는 편안함을.

이 책을 마지막으로 영어 책은 더 이상 쓰지 않을 생각이다. 이 책에서 당신에게 알려주고 싶은 것을 다 이야기했다.

이 책이 당신의 영어 인생에 거름이 되기를
부디 당신이 영어를 포기하지 않기를
더 이상 영어에 지치지 않기를

진심으로 당신의 영어 여정에 건투를 빈다.

김영익

CHAPTER 6

공부, 노력 없이
영어를 잘하는 사람들의 비밀
: 챗GPT 인생 빨간펜

특별
부록

영어,
3가지만 바꾸면
된다

안 들리면
듣지 마라

많은 사람이 귀부터 열려야 한다는 생각에 팝송, CNN 뉴스, 미국 드라마, 영화를 보면서 듣기에 도전한다. 흔히 귀 뚫기라고 하는데, 영어를 계속 듣다 보면 어느 순간부터 귀에 익숙해지고 들리기 시작한다는 것이다. 정말 효과가 있을까?

영어를 계속 듣기만 하면 귀가 뚫린다는 이야기는 새빨간 거짓말이다. 그 시간에 입이 마르고 닳도록 영어를 읽는 게 낫다. 실제로 수년간 CNN 뉴스를 들었는데 여전히 귀가 안 뚫리고 외국인과 1분도 자연스럽게 말하지 못하는 사람이 많다.

지금 당장 유튜브에서 CNN 뉴스 하나를 골라 들어보자. 다 들린다면 영어 정말 잘하는 사람이다. 당신이 그런 사람이라면 영어 공부 안 해도 된다. 이 책 읽을 필요가 없다. 잘 안 들린다면 정상이다. 대부분은 CNN 뉴스를 들어도 무슨 말인지 모른다.

국내에 내로라하는 영어 강사들에게 딕테이션(Dictation, 외국어 듣기 실력을 향상시키기 위해서 외국어를 들리는 대로 받아쓰는 행위)을 시켜보면 얼마나 받아쓸 수 있을까? 그들 역시 대부분 100% 완벽하게 받아 적지 못한다.

많이 들으면 영어가 들린다는 말은 반만 맞다. 이런 방법은 1년 내지 2년을 하루 종일 영어 공부만 하거나 해외에서 어학연수를 할 수 있는 사람들에게나 해당한다.

그리고 많이 듣기는 '잘 들리고 이해되는 영어'를 들을 때 적합한 방법이다. 세계적인 언어학자 스티븐 크라센은 외국어를 습득하려면 모국어를 배우듯 편안한 환경에서 이해 가능한 수준의 언어(Comprehensible Input)에 많이 노출되어야 한다고 말했다.

노출량 = 이해도 × 시간

언어의 노출량은 시간만으로 성립이 안 된다. 영어를 100시간 들어도 들리지 않는다면 영어 노출량은 제로라고 봐야 한다. 50% 정도 들린다면 들은 시간의 절반만 영어에 노출된 것이다.

당신이 지금까지 리스닝을 한 시간에 이해도를 곱해 노출량을 계산해보자. 결과에 절망할 수도 있지만 pain point(아픈 부분)를 직시해야 같은 실패를 반복하지 않는다.

이해되지 않는 영어를 듣고 있으면 부작용이 생긴다

이해되지 않는 영어를 계속 들으면 처리하는 속도가 느려진다. 원어민은 일반적으로 1분에 평균 150~190개 단어를 말한다고 한다. 그래서 외국인과 영어로 소통하려면 분당 200개 단어를 처리할 수 있어야 한다. 그런데 어려운 영어를 들으면 자연스럽게 영어 처리 속도가 느려지고 결국 뇌에 과부하가 걸려버린다. 상대방이 하는 말이 '블라블라'로만 들리고 머릿속이 멍해진다.

다음은 말하기가 늘지 않는다. 감당할 수 있는 수준의 영어에 자꾸 노출되어야 영어 구사력과 숙련도가 올라가기 때문이다. 영어 실력은 경험치에 비례한다. 따라서 알아들을 수 있는 쉬운 영어를 듣고 이를 응용하는 게 어려운 영어를 듣는 것보다 백배 더 효과적이다.

그렇다면 영어를 들었을 때 얼마나 들려야 할까? 80% 이상 들리고 이해되어야 한다. 당신은 들어서 너무 쉬우면 '내 수준에 안 맞아. 더 어려운 걸 들어야 실력이 늘지'라고 생각할 것이다. 하지만 그 정도로 쉬운 영어를 반복해서 듣는 게 중요하다.

프로 농구 선수의 슛 성공률이 얼마인지 아는가? 던지는 족족 들어가는 것처럼 보여도 80%라고 한다. 100%가 아닌 것이다. NBA 농구 전설 마이클 조던의 필드골 성공률은 60% 정도라고 한다. 영어도 마찬가지다. 당신이 너무 쉽다고 생각하는 수준의 영어도 다 들리고 다 이해되는 게 아니다.

지금 우리나라 성인들이 영어를 공부하는 모습은 마치 근육이 없는 어린아이가 무거운 바벨을 드는 것만큼 비현실적이다. 대부분의 사람들이 영어 공부에 투자한 시간과 돈, 현재 나이와 지위에 갇혀 허세를 부린다. 영어 허세 내려놓자. 들리지 않는 영어로 귀 뚫기 그만하자. 안 들리는 것을 듣고 있으면 영어 공부는 100% 실패한다. 들리지 않는 영어는 과감히 버리자.

틀려도
괜찮다

우리는 영어를 공부할 때 2가지에 집중한다. 유창성(Fluency) 그리고 정확성(Accuracy). 사전에서 '유창하다'의 정의를 한번 찾아보자.

[표준국어대사전]

유창하다: 말을 하거나 글을 읽는 것이 물 흐르듯이 거침이 없다

[옥스퍼드 영어 사전]

Fluent: able to express oneself easily and articulately(유창한: 자기 생각을 쉽고 명료하게 표현할 수 있는)

정리하면 영어로 자신의 생각을 막힘없이 말할 수 있는 것, 이를 통해 외국인과 소통하는 것이 실제 대화다. 여기에 미국인, 원어민이라는 조건은 없다.

실제 대화는 완벽함이 아니라 유창함을 필요로 한다. 내 생각을 말하는 데 군이 어려운 단어를 쓸 필요가 있을까? 중학교 영단어만 써도 의사소통은 가능하다. 쉬운 영어를 써서 내 생각을 말할 수 있으면 충분하다.

그런데 사람들은 원어민처럼 영어를 잘해야 한다고 생각한다. 누군가 영어 회화가 가능하다고 하면 그가 원어민 발음으로 유창하게 말할 거라고 기대한다. 영어를 꽤 잘하는 사람들은 영어 실력을 물어보면 "저 영어 못해요. 저보다 영어 잘하는 사람이 얼마나 많은데요"라고 말한다. 도대체 왜 느낄 필요가 없는 열등감에 빠지는가?

이 세상에는 2가지 영어가 있다. 원어민들이 사용하는 '네이티브 영어(Native English)'와 비원어민이 소통의 도구로 사용하는 '글로벌 영어(Global English)'가 그것이다. 영어 사용 인구의 15%가 네이티브 영어를 구사하며, 나머지 85%가 글로벌 영어를 구사한다. 성인이 되어 영어 공부를 시작하는 당신은 이 중 어떤 영어를 하게 될까? 당연히 글로벌 영어일 것이다.

막힘없이 영어로 소통하는 데 집중하자. 글로벌 영어를 쓰는 당신이 네이티브 영어를 하기 위해 애쓴다는 것은 가장 힘든 길을 선택해 걷는다는 것과 같다. 그 길에는 끝이 없다. 정말로 10세 이전에 시작하지 않는 한 영어에만 모든 시간을 쓴다 해도 원어민처럼 영어를 한다는 건 불가능하다.

영어 적당히 하자

"나 아기 기저귀 사야 해"라는 말을 영어로 말해보자. 하나, 둘, 셋. 말문이 막혔는가? 이유가 무엇인가? 갑자기 물어서? 기저귀를 영어로 뭐라고 할지 몰라서?

영어로 말한다는 것은 해야 할 말을 3초 이내에 입 밖으로 내보내는 것이다. 만약 기저귀라는 영어 단어 하나가 생각이 안 나서 말을 못 한다면 그 또한 영어로 말할 수 없는 것이다. 생각 안 나는 단어를 떠올리려고 말을 멈춰서는 안 된다. 기저귀 'Daiper'가 생각이 안 나면 유사한 의미의 다른 단어를 써서 말하면 된다.

"I need to buy some **Huggies**."

"I need to buy some **pads for my baby**."

"I need to buy some **baby toilet**."

"I need to buy some **baby panties**."

최근 유튜브 쇼츠에서 영어 표현을 교정하는 광고를 자주 접한다. 그 광고들에서 주로 하는 말이 "원어민은 그렇게 말 안 해"이다. 하지만 그런 말은 영어 초보자, 수년간 영어 공부하면서 영어로 말 한마디 못하는 사람들에게 해서는 안 된다.

주가 폭락이 'stock down'인지 'stock fall'인지 'stock collapse'인지, 'fall'에 'ing'를 붙여야 하는지 빼야 하는지 정확히 아는 게 중요할까? 당신이 'falling'이라고 말하든 'fall'이라고 말하든 미국인 친구는 다 이해한다. 한국인도 한국에서 한국어로 이야기하면서 매번 정확한 문법, 맞춤법을 쓰지 않는다. 한국인도 모르는 한국어가 넘친다. 당신이 할 수 있는 만큼 말하고 소통한다는 생각이 있어야 영어로 말할 수 있다.

어려운 단어에 집착하지 말자. 'Pediatrician(소아과의사)'을 외우느라 시간을 낭비하기보다 'Doctor for children(아이를 위한 의사)'이라고 쉽게 풀어서 말하는 연습을 해야 한다. 발음하기 어렵고 잘 외워지지 않는 단어는 정작 필요할 때 잘 기억나지 않고, 입 밖으로 나오지 않는다. 어려운 단어에 매달리는 것보다 아는 영어로 말하는 경험을 쌓는 게 더 중요하다.

익히지 않아도 되는 표현은 버리자. 문화적 배경에 의한 표현, 비유적 표현, 슬랭(속어)···. '사면초가' 같은 사자성어를 정확하게 말하기 위해 애쓸 필요가 없다는 말이다. 상대방에게 전달하고 싶은 것은 '누구의 도움도 받을 수 없는 곤란한 상황에 처했다'는 의미이지 않은가. 그 의미를 전달할 방법은 "I can't get a solution in this situation" "I'm in trouble" "This is difficult" 등 여러 가지가 있다.

당신은 오랫동안 "맞니 틀리니?" "정답이 뭐야?" "a가 맞을까 the가 맞을까?" 이렇게 영어를 배워왔다. 시험 영어에 최적화된

- 영어는 원어민처럼 해야 한다
- 영어는 정확하게 해야 한다
- 미국 사람처럼 하지 못하면 영어를 못하는 것이다

- 영어를 완벽하게 할 필요가 없다
- 영어로 말할 때 틀려도 상관없다
- 영어는 소통의 수단이므로 말만 통하면 된다
- 영어로 내 생각을 막힘없이 말할 수 있으면 그걸로 충분하다

학습을 하면서 틀리면 안 된다는 두려움을 쌓아왔다. 그 결과 아는 영어도 말할 줄 모르게 되었다.

정확성보다 중요한 게 유창성이다. 유창성을 키우다 보면 정확성은 저절로 따라온다. 자주 써봐야 무엇이 부족한지 알 수 있다. 틀려봐야 어느 부분을 개선해야 하는지 깨닫는다. 그렇게 알게 된 취약점을 개선할 때 비로소 영어를 잘하게 된다.

영어 '공부'를 하면
안 된다

터널 시야(Tunnel Vision)라는 말이 있다. 어두운 터널에서 시야가 좁아져 주변을 살피지 못하고 빛이 들어오는 출구만 바라보는 것을 말하는데, 이 터널 시야에 빠지면 상황을 제대로 이해하거나 파악하는 능력이 떨어지게 된다. 잘못된 상태에 빠져도 그것을 알아차리지 못하고, 헤어나지 못하는 것이다.

당신은 중학교 3년, 고등학교 3년, 대학교 4년 그리고 사회에 나와 영어에 정말 많은 돈과 시간을 썼다. 그런데 왜 영어가 안 되는 걸까? 노력이 부족해서일까? 절대 아니다. 노력이 부족한 게 아니라면 도대체 무엇이 부족한 걸까?

바로 '노하우'다. 지금까지 제대로 영어를 공부하지 않았기 때문이다. 그동안 당신은 영어를 잘못된 방법으로 배우고 공부했다. 무엇이 잘못됐는지 자각하지 못한 채 의미 없는 연습만 지속해왔던 것이다. 동영상 강좌를 보고, 문법 규칙을 공부하고, 단어를 암기하고, 계속해서 듣기만 했다. 하지만 이런 인풋 중심의 방법으로는 결코 아웃풋이 만들어지지 않는다. 인풋을 잔뜩 하면 그 순간에는 만족감이 있을지 몰라도 진정한 내 것이 되지 않는다.

그렇다면 영어 공부의 궁극적인 아웃풋은 무엇인가? 바로 외국인과 영어로 막힘없이 말하는 것이다. 그런데 당신은 그동안 영어로 의사소통하는 경험은 전혀 하지 않은 채 시험 점수를 위한 이론만 공부했다. 영어 회화를 배울 때조차 이 과정은 쏙 빼놓은 채 아무런 피드백 없이 책만 읽는 경우가 부지기수였다. 하지만 영어로 말하기 위해서는 영어를 입 밖으로 소리 내고, 대화를 나눠봐야 한다.

결국 영어를 잘하기 위해서는 실제로 말하는 경험, 대화하는 경험을 쌓아야 한다. 이러한 환경에 계속해서 노출되어야 한다. 먼저, 이해할 수 있는 쉬운 영어를 지속적으로 듣고 말하면서 사용할 수 있는 영어를 머릿속에 저장한다. 그다음 개인적인 말하기 연습을 통해 영어 구사력을 늘려나간다. 그리고 실제 대화를 통해 언제든 말로 내뱉을 수 있을 만큼 체화한다.

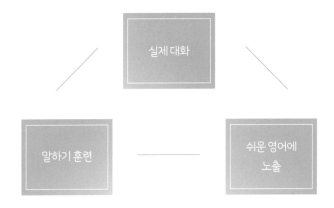

영어를 체화하려면 이 3가지 필수 요소를 적절하게 분배해서 경험해야 한다. 셋 중 하나라도 빠지면 영어 실력은 빨리 늘지 않는다. 예를 들어 말하기 연습만 하고 실제로 대화를 해보지 않으면 정작 실전에서는 당황해서 버벅거리게 된다. 만약 대화만 하고 말하기 연습을 하지 않으면 맨날 쓰는 말만 하게 된다. 또, 아무리 말하기 훈련을 열심히 하고 실제 대화를 경험해도 쉬운 영어에 노출되지 않으면 영어가 좀처럼 입에 붙지 않는다.

나는 10년 넘게 영어 공부 노하우를 강의했다. 그런 내 강의에 이런 수식이 붙기 시작했다. '인생 마지막 영어 수업.' 내 수업을 듣고 그동안 실패했던 영어 공부를 성공으로 바꾼 사람들이 많기 때문이다. 그 내용을 정리해서 《27년 동안 영어 공부에 실패했던 39세 김과장은 어떻게 3개월 만에 영어 천재가 됐을까》라는 책을 썼다. 5만 부가량 팔렸다. 그 책의 카피가 "90일간의 독한 훈련이 만드는 기적 같은 변화"다. 그다음에는 3개월간 몰입해서 훈련하는 영어 공부법《딱 이만큼 영어 회화》를 출간했다. 공부할 시간이 없는 직장인들에게 뜨거운 호응을 불러일으켰다.

그런데 시간이 흘렀다. 그 당시 십수 년 영어 공부에 실패한 사람에게 90일, 3개월은 정말 짧은 시간이었다. 하지만 지금은 90일도 너무 길다. 그것은 챗GPT가 없었던 시절의 이야기다. 이제 당신은 영어 공부의 끝판이나 다름없는 어학연수를 국내에서 받을 수 있다. 지금까지 들인 시간, 노력을 십분의 일로 줄여도 영어 할 수 있다. 그것도 0원에 말이다.

CHAPTER 1

지금 당장
0원으로 떠나는
어학연수

20대는 돈이 없고
30, 40대는 시간이 없다

23살, 나는 외국으로 나가 영어를 배우고 싶었다. 돈이 없어서 선택한 것은 호주 워킹홀리데이. 거기서 호주에 온 지 4개월밖에 안 됐는데 영어를 너무 잘하는 한국인 형을 한 명 만났다. 원래 영어를 잘했냐고 물었더니 그건 아니라고 했다. 그런데도 같은 시기에 호주에 온 다른 사람들보다 영어 실력이 훨씬 좋았다. 나는 너무 궁금해졌다. '저 형은 어떻게 영어를 잘하게 된 걸까?'

며칠간 지켜봤는데 특별한 게 없었다. 좋은 랭귀지 스쿨을 다니는 것도, 남몰래 좋은 교재를 보는 것도 아니었다. 그냥 하루 대부분을 외국인 친구들과 다니며 계속 영어로 대화할 뿐이었다. 저녁에는 그날 친구들과 대화할 때 들은 단어를 찾아보고 읽고, 그

것과 관련된 예문을 읽었다. 그 형의 공부법은 단순했다. 온종일 영어에 노출되기.

영어를 잘하는 법은 생각보다 간단하다. 영어로 살아가는 시간을 늘리면 된다. 그런데 이 간단한 일에는 돈, 시간이 필요하다. 돈과 시간이 많다면 영어 쉽게 할 수 있다. 좋은 랭귀지 스쿨 다니고 원어민 강사 수업을 듣다가 1년에 수천만 원 들여 해외 어학연수를 가면 된다. 어학연수를 못 가더라도 한국에서 온종일 영어만 붙들고 공부한다면 입은 뗄 수 있다. 그런데 그렇게 할 수 있는 사람이 몇 명이나 될까?

평범한 직장인은 평일에 출퇴근 시간을 포함하면 12시간 가까이 혹은 그 이상을 직장에서 보낸다. 어떤 날은 업무를 마치면 회식이 기다리고 있고, 갑자기 야근을 하는 일도 부지기수다.

주말에는 평일에 일하느라 미뤄둔 집안일을 하거나 휴식을 취하느라 더더욱 영어에 쏟을 시간이 없다. 여기에 결혼하고 아이까지 있는 경우라면 개인적인 자유 시간은 거의 없다고 봐도 무방하다. 주말이면 하루쯤 푹 쉬고 싶은 마음이 굴뚝같지만 해야 할 일이 많다. 시간을 쪼개고 쪼개도 직장인이 하루 중 영어에 투자할 수 있는 시간은 최대 1시간이다.

그렇다면 학생은 어떠한가? 학교 강의 듣고 과제 하고 시험

치느라 바쁘다. 자격증, 인턴십, 공모전, 대외 활동 등 취업 준비하기 빠듯하다. 그래도 직장인보다는 영어 공부에 몰입할 시간을 마련할 수 있다. 마음먹으면 학교를 휴학하고 1~2년 어학연수를 다녀올 수도 있다. 하지만 가장 큰 문제가 있다. 가진 돈이 별로 없다.

당신이 영어를 포기하면 안 되는 이유

아무리 돈과 시간을 쏟아도 제자리걸음인 영어, 그럼에도 당신이 영어를 해야 하는 이유는 무엇일까? 취업, 이직, 승진 등 삶의 중요한 문턱마다 영어는 기회다. 그래서 잘할수록 기회가 더 많이 주어진다.

나 역시 그랬다. 영어 실력이 늘수록 기회의 문들이 열리기 시작했다. 영어가 되니까 청년 무역인으로 선발되어 네덜란드에서 인턴 활동을 할 수 있었다. 중견 기업에 입사해 해외 무역인으로 전 세계 곳곳을 누빌 수 있었다. 수십만 명이 넘는 학생, 직장인에게 영어를 가르치는 사람이 되었다.

흙수저, 지방대 출신인 내가 얻은 기회들도 이만큼인데, 나보다 더 좋은 조건을 가진 당신이 영어를 배운다면 얼마나 많은 기회가 주어질까? 한 가지 분명한 것은 당신 앞에는 내가 얻은 기회보다 더 좋은 기회가 기다리고 있다는 것이다.

당신이 영어를 포기하면 안 되는 이유가 하나 더 있다. 영어는 단순한 외국어가 아니라는 점이다. 영어는 경제력을 키우는 도구, 돈을 버는 기술이다. 세계 시가 총액 10위 기업들을 살펴보자. 애플, 아람코, 마이크로소프트, 구글, 아마존, 버크셔해서웨이…. 10대 기업 중 아람코를 제외한 나머지 9개가 모두 미국 기업이다. 미국은 단순한 선진국이 아니라 세계 1위 경제 대국이다.

코칭, 자기 계발, 금융, 자산 운용, 위기관리, 심리 상담, 각종 치유법, 복지, 육아, 펫테크, 다이어트, 피트니스 등 다양한 분야에서 미국은 우리나라보다 수 년을 앞서 있다. 특히 경영 관리, 마케팅 분야는 수십 년을 앞서 있다고 생각한다. 그래서 우리나라에서 성공한 비즈니스를 살펴보면 그 모태가 미국인 경우가 많다.

예를 들면, '크몽'이라는 프리랜서 마켓 플램폼이 있다. 개발, 마케팅, 영상 등 다양한 분야의 전문가 매칭 서비스를 제공하는 웹사이트인데, 미국의 'Fiverr'라는 회사에서 영감을 얻은 것이다. 미국에서 성공한 비즈니스 모델을 가져와 우리나라 실정에 맞게 바꾼 것이다. 지금까지 이런 기회를 미국에서 학위를 취득한 사람, 유학한 사람 혹은 미국에 거주하는 사업가, 교포가 잡았다. 미국 시장을 빠르게 분석할 수 있는 환경에 있고, 한국 현지 사정을 잘 아는 사람들이 말이다.

영어는 당신이 남들보다 조금 더 높은 연봉을 받기 위해서만 필요한 게 아니다. 영어를 하게 되면 세상을 보는 속도가 빨라지고, 세상을 보는 안목이 높아진다. 주식, 부동산, 비즈니스, 직업 등 무엇이 유망하고 트렌드가 될지 영어를 하지 못하는 사람보다 먼저 예측할 수 있다.

돈과 시간이 부족하다고 해서 영어 포기하지 말자. 포기하면 지금의 돈과 시간은 아낄 수 있어도 당신이 앞으로 누릴 수 있는 성공은 영영 놓치게 된다.

돈, 시간의 제약에서 벗어나 영어 잘하는 법

온라인 학습 프로그램이나 매칭 사이트가 많이 생겨서 전보다는 횟수가 줄어들었지만 요즘도 가끔 길에서 수업 내용, 선생님의 경력과 연락처 등이 적힌 과외 광고지를 볼 때가 있다. 나는 학창 시절에 그런 광고지를 보고 연락해볼까 생각한 적이 있었다. 정말 내 영어 실력을 키워줄 인생 최고의 선생님을 만날 수 있지 않을까 하는 기대감에 말이다.

결과적으로 그 기대는 이루어지지 않았다. 당시 내 형편상 과외는 꿈도 꿀 수 없었으니까. 대신 스스로 영어 공부에 매진해 지금의 내가 되었다.

그런데 영어를 할 수 있게 되자 영어 공부를 어떻게 해야 하는지 몰라 헤매는 사람들이 보이기 시작했다. 그들에게 효과 없고 시간과 돈만 낭비하는 영어 학습법이 아니라 진짜 인생 영어 학습법을 알려주고 싶었다. 그래서 10년 넘게 수만 명의 사람들에게 제대로 된 노하우를 전수하고 있다.

그런 내가 자신 있게 하는 말이다. 돈이 없어도 시간이 없어도 영어 할 수 있다. 그 방법을 알려주기 위해 이 책을 썼다. 시간력, 자본력이 없어서 영어 공부 못 하는 사람들, 수많은 실패에 결국 포기를 선택하는 사람들에게 지금 당장 영어 할 수 있는 확실한 방법을 알려주기 위해서 말이다. 프롤로그에서도 말했지만 당신이 그 방법을 아는 데 필요한 시간은 딱 1시간이다.

챗GPT '인생 영어 선생님'

전 세계적으로 유명한 챗GPT를 통해 당신은 해외 어학연수에 버금가는 공부를 할 수 있다. 수천만 원씩 들여야 했던 해외 어학연수 효과를 한국에서도 누릴 수 있다. 하루 종일 챗GPT와 대화하면서 영어에 완전히 노출된 삶을 살 수 있다. 언제 어디서든. 효과는 100%, 비용은 0원이다.

원하는 성과를 얻지 못해 이곳저곳 헤매던 학원 수업, 과외도 챗GPT가 대신한다. 챗GPT에게 모르는 내용에 대한 설명을 들을 수 있고, 단어나 문법이나 예문 등 공부에 필요한 자료를 요청하면 바로 얻을 수 있다. 영작부터 메일, 리포트 작성도 자세하게 코칭받을 수 있다.

그리고 평소에 영어 공부에 활용하고 싶었던 유튜브 영상과 읽고 싶은 원서를 쉽게, 당신 수준에 맞춰서 패러프레이징(Paraphrasing)할 수 있다. 영어 공부 자료, 교재를 다시 바꿔 쓰기 해달라는 부탁은 어떤 영어 선생님에게도 할 수 없었다. 그런데 챗GPT에게 다시 바꿔 쓰기 해달라고 하면 곧바로 해준다. 유튜브 영상을 당신 수준에 맞게 바꾸고 그것을 가지고 섀도잉 에코잉하고, 챗GPT와 리텔링(Retelling)할 수 있다. 그리고 당신이 자주 범하는 오류, 실수를 교정받을 수 있다. 교정받은 내용을 다시 음원으로 만들고 섀도잉, 에코잉. 이것은 진짜 혁명이다.

지금까지 당신이 받았던 영어 수업을 돌아보자. 대개 강사가 먼저 관련 지식을 설명하고 당신은 그것을 받아 적기만 했다. 즉각적인 피드백이 이루어지지 않았다. 당신의 수준을 바로 확인할 수 없었다. 그로써 당신이 영어를 실제로 얼마만큼 할 수 있는지, 또 어느 정도 수준의 문장은 말할 수 있고 어떤 문장은 아무리 해도 입에 잘 안 붙는지 제대로 알 수 없었다. 그런데 챗GPT의 즉각적인 피드백을 통해 잘못된 문법이나 표현, 발음을 그 자리에서 교정받을 수 있다. 스스로 이 문장을 체화해서 말할 수 있는지 없는지를 바로바로 알 수 있다. 헬스장에 비유하면 일대일 PT(Personal Training)를 받는 것과 비슷하다.

앞으로 영어 공부를 하는 사람들은 두 부류로 나뉠 것이다. 챗GPT로 손쉽게 영어 하는 사람, 지금의 영어 공부 방식을 고수하고 챗GPT를 영어 사전이나 번역기 정도로만 활용하다 계속 영어 못하는 사람. 나는 당신이 전자가 되기 바란다. 영어 공부에 성공해서 반드시 영어로 살아가기를 바란다. 영어로 살아가는 순간부터 삶이 달라지는 변화를 당신이 꼭 느껴봤으면 좋겠다.

환경 설정 1단계: 로그인하기

이제부터 챗GPT로 영어 공부하는 법, 그 노하우를 빠짐없이 알려주겠다.

챗GPT. 이 인공지능(Artificial Intelligence, AI) 챗봇은 최근까지는 웹사이트(chat.openai.com)만 있었다. 애플리케이션(앱)은 미국에서만 한정적으로 지원이 되었다. 그러다 보니 우리나라에서는 챗GPT 접근성이 좋지 않아 사용을 꺼리거나 지속하지 못하는 사람들이 많았는데 지금은 앱이 만들어져 편하게 이용할 수 있다. 한국어도 지원된다.

편의에 따라 웹사이트 또는 앱을 선택해서 이용해도 상관없지만 나는 당신이 되도록 웹사이트를 사용하기 바란다. 이 책에는 당신이 활용할 수 있는 자료들이 가득하다. 그 자료들을 바로 사용하는 데는 웹사이트, 즉 PC를 통한 접근이 더 수월하다. 그래서 이 책에서는 웹사이트에 초점을 맞춰 챗GPT 기본 사용법을 설명하고 있다.

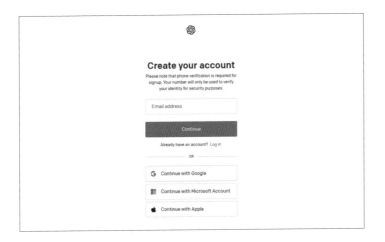

회원 가입(Sign up)을 클릭해 계정을 생성하자(Create your account). 구글, 마이크로소프트, 애플 계정이 있으면 연동해서 쓸 수 있다. 계정을 생성하면 바로 챗GPT와 대화(Chat)할 수 있는 화

면으로 넘어간다.

화면 아래 'Send a message'가 대화창이다. 대화를 하다가 주제, 내용을 전환하고 싶을 때는 왼쪽에 있는 '+ New chat'을 클릭하면 된다. 새로운 대화가 늘수록 '+ New chat' 아래에 대화 목록이 생긴다.

챗GPT에는 유료(Chat GPT Plus), 무료(Free Plan) 두 가지가 있다. 가입하면 바로 쓸 수 있는 버전은 무료 버전이다. 유료 버전은 한 달에 20달러, 한화로 2만 5천 원~3만 원 선에서 사용할 수 있다. 화면 왼쪽 하단에 'Upgrade to Plus'를 클릭하면 유료 버전을 결제할 수 있는 창이 나타난다.

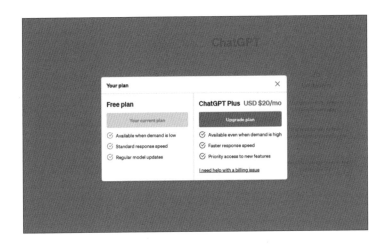

일단 무료 버전을 사용하자. 충분히 사용해보고 무료 버전이 괜찮다 싶으면 계속 쓰면 된다. 무료 버전은 챗GPT 이용자가 몰리면 속도가 느려질 수 있다. 만약 버벅거리는 게 싫다, 생각보다 사용량이 많다고 생각되면 유료 버전을 결제하면 된다.

환경 설정 2단계: 확장 프로그램 설치하기

· YouTube & Article Summary powered by ChatGPT

· ChatGPT Writer – Write mail, messages with AI

· 프롬프트 지니: ChatGPT 자동 번역기

· Google Translate

· WebChatGPT: 인터넷 액세스가 가능한 ChatGPT

설치하는 방법은 어렵지 않다. 프로그램명을 구글 검색창에 입력하거나 Chrome 웹스토어(chrome.google.com/webstore/category/extensions)에서 검색하면 된다. 다운로드한 다음 주소창 옆에 퍼즐 조각 아이콘을 클릭해보자. 다운로드한 확장 프로그램 목록을 볼 수 있다. 자주 사용하는 확장 프로그램은 핀 아이콘을 클릭해 고정해두면 좋다.

이 확장 프로그램들이 당신의 영어 공부를, 챗GPT 영어 선생님을 더 빠르고 효율적으로 만들어줄 것이다. 간단하지 않은가? 계정을 만들고 필요한 확장프로그램를 설정하는 것만으로 챗GPT를 당신의 영어 선생님으로 만드는 기본 준비가 끝났다.

간혹 챗GPT에 한국어를 쓰면 안 되냐고 묻는 사람들이 있다. "인공지능과 대화하는 것도 낯선데 익숙하지 않은 영어까지 쓰려니 힘들어요." "다른 책에서는 한국어로 쓰는 법을 알려주는데 꼭 영어를 써야 할까요?" 되도록 영어를 사용하기 바란다.

글로벌 통계 플랫폼 스태티스타(Statista)의 2023년 자료를 보면 웹 콘텐츠에서 가장 많이 사용하는 언어가 영어다. 무려 58.8%이다. 한국어의 비중은 얼마나 될까? 0.6%, 16위다.

생각해보자. 챗GPT는 지난 30년간 여러 웹사이트에 있는 방대한 자료들을 분석한 지식을 가지고 있다. 그 지식의 절반 이상이 영어로 이루어져 있는 것이다.

당연히 0.6%보다 58.8%의 자료에서 얻을 수 있는 게 더 많다. 그리고 영어를 잘하거나 또는 영어 프롬프트를 잘 쓰는 사람은 챗GPT 활용력이 좋을 수밖에 없다.

Languages most frequently used for web contents (Statista, 2023)

Rank	Language	Percentage
1	English	58.8
2	Russian	5.3
3	Spanish	4.3
4	French	3.7
5	German	3.7
6	Japanese	3
7	Turkish	2.8
8	Persian	2.3
9	Chinese	1.7
10	Italian	1.6
16	Korean	0.6

이 책에서 당신이 챗GPT로 영어 공부하는 데 필요한 프롬프트를 모두 알려주려고 한다. 프롬프트는 말 그대로 명령어, 지시어다. 챗GPT에게서 가장 유의미한 답을 이끌어내기 위한 도구. 그것만으로 'biggest benefit'인데 모든 프롬프트를 영어로 알려줄 것이다.

내가 소개하는 방법, 자료들을 차근차근 읽은 다음 마지막에 나오는 영어 프롬프트를 공부할 때 사용하자. 이 프롬프트만 있으면 당신의 수준에 맞는 학습 자료를 만드는 것부터 영작, 문법, 어휘, 일대일 회화까지 모든 영어 학습을 챗GPT로 할 수 있다.

챗GPT 확장 프로그램을 바로 설치하려면

당신의 영어 수준을 객관적으로 진단하는 법

— 지금 바로 확인하는 영어 레벨 —

레테하러
학원 갈 필요 없다

챗GPT는 똑똑하고 다능하다. 우리 질문에 척척 답하고 글 쓰고 그림 그리고 작곡도 한다. 그런데 '만능'은 아니다. 실수를 한다. 오답을 정답이라고 말하고, 가짜 뉴스를 진짜처럼 꾸며서 말한다. 거짓을 그럴 듯하게 말하는 것이다.

그래서 챗GPT는 인간의 개입이 필요하다. 어떻게 사용하느냐에 따라 완벽한 지능이 될 수도, 짜증 나는 거짓말쟁이가 될 수도 있다.

영어 공부할 때도 마찬가지다. 챗GPT를 완벽한 영어 선생님으로 만들기 위해서는 해야 할 일이 있다. 하나는 챗GPT가 제대로 된 답을 내놓을 수 있도록 명령하는 것이다. 다시 말해 프롬프트를 잘 써야 한다. 또 하나는 챗GPT에게 당신의 영어 실력을 알려주는 것이다. 챗GPT가 당신의 수준을 정확히 파악할수록 영어 학습의 효과는 커진다.

필요한 프롬프트는 내가 모두 알려주니 걱정 안 해도 된다. 그런데 레벨은 아니다. 레벨은 당신 스스로 정확히 알아야 한다.

그렇다고 지금 당장 학원 가서 레벨을 확인할 수는 없다. 직장인이라면 레벨 테스트하러 갈 시간이 없다. 회사 끝나는 시간이면 학원도 끝난다. 기초 실력이 한참 부족한 사람, 내향적인 사람은 레벨 테스트 받고 결과 듣는 과정 자체가 버거울 수 있다. 긴장감, 부끄러움 때문에 제 실력을 발휘하지 못한다. 게다가 이 책 읽고 챗GPT로 공부할 건데 학원에서 레벨 테스트만 받기 뻘쭘할 것이다.

그리고 레벨 테스트의 정확성이 떨어지면 받아도 소용이 없다. 학원에서 커리큘럼이나 강좌에 맞춰 레벨 테스트를 만든 경우, 문제는 적절한데 실력을 정확히 분석할 기준이 마련되어 있지 않은 경우, 레벨 테스트를 간단한 문답으로 대신하는 경우에는 무효하다고 봐야 한다.

그래서 당신이 지금 바로 영어 레벨 테스트를 할 수 있게 준비했다. 학원에 가지 않아도, 레벨 테스트의 정확성을 걱정하지 않아도 된다. 홈트레이닝하듯 마음 편히 다음에 나오는 문제를 풀어보자. 문제 뒤에 있는 QR코드를 스캔해 웹사이트에서 문제를 풀어도 좋다.

CEFR 테스트

밑줄 친 부분에 들어갈 알맞은 답을 고르시오.

1. What's _____ name?

① you

② your

③ she

④ yours

⑤ 모르겠다

2. Jane's _____ nice and polite.

① a

② from

③ very

④ at

⑤ 모르겠다

3. We're Chinese, we're _____ Beijing.

① from

② on

③ under

④ at

⑤ 모르겠다

4. _____ a light?

① Has you has

② Have you got

③ Have you get

④ Are you have

⑤ 모르겠다

5. Margaret _____ usually come by bus.

① doesn't

② isn't

③ don't

④ aren't

⑤ 모르겠다

6. They _____ at home last night.

① aren't

② weren't

③ don't

④ didn't

⑤ 모르겠다

7. What _____ you say?

① are

② have

③ were

④ did

⑤ 모르겠다

8. Why _____ crying?

① are you

② you are

③ do you

④ you do

⑤ 모르겠다

9. Where _____ to spend your holidays next summer?

① you are going

② are you going

③ you will

④ will you

⑤ 모르겠다

10. _____ never been to the theatre before.

① I'll

② I'm

③ I can

④ I've

⑤ 모르겠다

11. Seiko watches _____ in Japan.

① are made

② made

③ make

④ are making

⑤ 모르겠다

12. Where _____ when you met him?

① does he live

② was he live

③ was he living

④ is he living

⑤ 모르겠다

13. If _____ I'll tell him you called.

① I'll see him

② I see him

③ I'd see him

④ I saw him

⑤ 모르겠다

14. What _____ since you arrived?

① are you doing

② will you do

③ did you do

④ have you been doing

⑤ 모르겠다

15. Wine _____ made in Italy for thousands of

years.

① have been

② is being

③ has been

④ are being

⑤ 모르겠다

16. My husband _____ live in Spain.

① use to

② was use to

③ used to

④ was used to

⑤ 모르겠다

17. If I _____ I would go out more.

① wasn't married

② didn't marry

③ wouldn't marry

④ haven't married

⑤ 모르겠다

18. I was very _____ in the story.

① interest

② interesting

③ interested

④ interests

⑤ 모르겠다

19. You _____ come if you don't want to.

① don't need to

② needn't

③ needn't have

④ didn't need to

⑤ 모르겠다

20. I _____ see you tomorrow. I'm not sure yet.

① maybe

② might

③ can

④ should

⑤ 모르겠다

21. _____ is bad for you.

① Smoking

② The smoking

③ to smoke

④ Smoker

⑤ 모르겠다

22. I _____ told him if I had known he was your

brother.

① hadn't

② wouldn't

③ wouldn't have

④ don't have

⑤ 모르겠다

23. He _____ living there for three years before they

found him.

① had been

② has been

③ might be

④ could be

⑤ 모르겠다

24. I wish you _____ all the time.

① don't shout

② won't shout

③ wouldn't shout

④ haven't shout

⑤ 모르겠다

25. Which would you _____ have, gold or silver?

① prefer

② could

③ rather

④ better

⑤ 모르겠다

26. by the time you arrive _____ .

① he'll leave

② he'll have left

③ he leaves

④ he left

⑤ 모르겠다

27. The house _____ built in the 16th century.

① might have been

② might be

③ might have be

④ might have

⑤ 모르겠다

28. Don't forget _____ me a newspaper.

① buying

② that you buy

③ to bought

④ to buy

⑤ 모르겠다

29. Whenever there was a visitor, the dog _____ to the door.

① will run

② is running

③ would run

④ was running

⑤ 모르겠다

30. He is an executive in _____ .

① the car industry

② car industry

③ car industries

④ car industrial

⑤ 모르겠다

31. Peter sold his car _____ save money.

① as a result

② so he

③ in order to

④ because to

⑤ 모르겠다

32. He advised me _____ the doctor.

① that I see

② to see

③ seeing

④ see

⑤ 모르겠다

33. He didn't come last night. I wish that he _____ .

① had

② did

③ have

④ has

⑤ 모르겠다

34. I am going to a wedding. I need to _____ .

① be cutting my hair

② cutting my hair

③ have my cut hair

④ get cut my hair

⑤ 모르겠다

35. My sister has been in hospital. I wonder how she

    _____ .

① is getting on

② gets on

③ has got across

④ is getting away

⑤ 모르겠다

36. The man said he did not _____ to go by bus.

① care for

② bother about

③ mind having

④ much mind

⑤ 모르겠다

37. Although he confessed to the crime, the judge let the

   boy _____ .

① alone

② come in

③ off

④ forgive

⑤ 모르겠다

38. I've never _____ that word before.

① gave away

② come across

③ come over

④ come into

⑤ 모르겠다

39. The student could not answer the question, so he

   _____ .

① gave off

② gave into

③ gave up

④ gave away

⑤ 모르겠다

40. I _____ travelling by bus.

① am not used to

② didn't used to

③ used to

④ do not used to

⑤ 모르겠다

CEFR 온라인 레벨 테스트는 이곳에서

정답

1. ②	11. ①	21. ①	31. ③
2. ③	12. ③	22. ③	32. ②
3. ①	13. ②	23. ②	33. ①
4. ②	14. ④	24. ③	34. ③
5. ①	15. ③	25. ③	35. ①
6. ②	16. ③	26. ②	36. ①
7. ④	17. ①	27. ①	37. ③
8. ①	18. ③	28. ④	38. ②
9. ②	19. ①	29. ③	39. ③
10. ④	20. ②	30. ①	40. ①

당신의 영어 실력은
어느 정도인가?

유럽에는 24개가 넘는 언어가 있다. 유럽 사람들은 '유럽 연합'이라는 이점을 활용해 우리가 서울에서 부산으로 여행을 가듯, 유럽 내 다른 국가를 여행한다. 그러다 보니 휴가 기간 중 다른 나라에 가서 3주 정도 여행하고 오는 일은 매우 흔한 광경이다. 따라서 유럽인들이 외국어를 배우는 것은 선택이 아닌 필수에 가깝다고 볼 수 있다.

국경을 넘나드는 사람이 많다 보니 유럽에서는 유럽 언어(영어 포함) 학습자의 언어 수준을 평가하기 위해서 기준을 마련했다. 이를 유럽 언어 공통 기준 'CEFR(Common European Framework of Reference for languages)'이라고 부른다. 언어 능력을 객관적으로 평가하기 위한 지표로 외국어를 얼마나 잘 말하고 이해할 수 있는지 설명해주는 기준이다.

당신이 앞에서 푼 문제가 바로 이 CEFR 레벨을 측정하는 테스트다. 문제를 다 풀고 채점까지 끝마쳤다면 그 결과를 가지고 다음 내용을 살펴보자

레벨	분류	설명
A1	입문(Beginner)	의사소통 불가능. 자기소개와 상대방의 신상 정보 파악을 위한 간단한 질문만 던지고 답할 수 있는 수준
A2	초급(Elementary)	토막 영어. 일상생활에서 자주 반복해서 쓰는 간단한 표현을 이해하고 구사할 수 있는 수준
B1	중급(Lower Intermediate)	은행 계좌 개설같이 일상생활에서 자신의 희망, 목적, 의도 등을 표현하고 해결할 수 있는 수준
B2	중상급(Upper Intermediate)	일상생활과 관련 있는 다양한 주제에 대해 자신의 생각을 명확하게 표현할 수 있으며, 일부 주제는 장단점을 토론할 수 있는 수준

C1	고급(Advanced)	광범위한 주제에 관한 토론이 가능하며 타인을 논리적으로 설득하거나 타인의 주장에 반박할 수 있는 수준
C2	원어민 수준(Proficency)	영어의 모든 영역에 걸쳐 원어민처럼 자유롭게 의사소통과 토론을 할 수 있는 수준

CEFR은 위 표와 같이 외국어 구사 수준을 총 6단계로 구분하고 있다. 여기에 각 단계별 커뮤니케이션의 수준을 추가했다. 매우 구체적으로 설명해놨으니 당신의 외국어 수준을 진단하고 도달하고 싶은 목표를 설정하기 위한 나침반으로 쓰면 된다.

그렇다면 당신은 CEFR 6단계 중 어디에 속할까?

이 책을 읽는 대다수가 A2에 해당할 것이다. B1은 일상적인 표현과 간단한 문장을 말할 수 있다. 비원어민으로서 해당 언어를

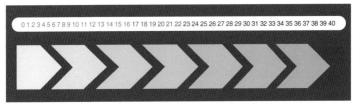

Beginner　　Elementary　　Lower intermediate　　Upper intermediate　　**Advanced**　　Proficency

막힘없이 구사할 수 있는 유창성은 B단계부터 발현되기 시작하니 당신의 목표를 C1으로 설정하면 좋다. C1단계(고급)가 한국에서 영어를 시작한 사람이 도달할 수 있는 합리적인 최종 목적지다.

CHAPTER3

이제는
영어가 무조건
들린다

─── 챗GPT 인생 청각 선생님 ───

한국에서 영어 리스닝 100% 성공하는 방법

당신이 영어 리스닝에 실패했다고 느낄 때는 언제인가? 아마도 영어를 들어도 무슨 내용인지 모를 때이지 않은가? 당신은 살면서 영어에 정말 많이 노출됐다. 어릴 때부터 학교와 학원에서 영어 공부하고, 살면서 수많은 미국 드라마와 영화를 봤다. 그런데도 영어 귀는 안 뚫렸다. 너무 답답하지 않은가? 억울하지 않은가?

만약 이 글을 읽는 순간에도 당신이 귀가 뚫리는 마법이 일어날 거라 믿으며 들리지 않는 영어를 듣고 있다면, 당장 멈추자. 이제 그 헛된 고통을 끝내고 제대로 귀를 뚫을 시간이다.

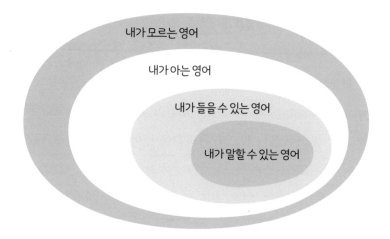

내가 모르는 영어

내가 아는 영어

내가 들을 수 있는 영어

내가 말할 수 있는 영어

　귀를 단번에 뚫어주는 방법은 없다. 차근차근 수준에 맞는 영어를 익히면서 영어 수준을 올려나가야 한다. 영어가 안 들리는 것은 당신이 그걸 듣고 이해할 실력이 안 되는 것이다. 아는 영어를 들을 수 있고, 들을 수 있는 영어를 말할 수 있다.

　그렇다면 영어 리스닝은 어떻게 해야 할까? 아주 간단하다. 당신이 이해할 수 있는 수준의 영어를 들으면서 따라 말하면 된다. 소리는 귀가 아니라 입으로 익힐 때 내 것이 된다. 그래서 안 들리는 영어를 계속 듣거나 혹은 영어를 듣기만 하면 영어 리스닝은 반드시 실패한다.

들리는 영어는 어떻게 들을 수 있을까

영어를 듣는 채널에는 크게 2가지가 있다. 사람과 대화할 때 듣는 '직접적인 대화', 영화나 라디오와 같은 '매체'. 한국에 사는 사람은 외국인과 직접적으로 대화할 기회가 별로 없기에 대부분 매체를 통한 리스닝에 집중한다.

그래서 그동안 나는 양질의 리스닝 자료를 구할 수 있는 플랫폼을 수강생들에게 추천했다. 내 강의를 들어본 사람, 그리고 영어 공부를 좀 해본 사람이라면 잘 알 것이다. ELLLO, Penguin Readers, VOA를.

1. ELLLO(English Listening Lesson Library Online)

이름대로 리스닝에 특화된 플랫폼이다. 영어 대화문 자료를 무제한으로 이용할 수 있다. 가장 큰 장점은 레벨 세분화다. 초급 수준이 LEVEL 1-LOW BEGINNER, LEVEL 2-MID BEGINNER, LEVEL 3-HIGH BEGINNER 3단계로 구분되어 있다.

2. Penguin Readers

펭귄랜덤하우스를 포함해 계열 출판사에서 출간한 책들을 볼 수 있다. ELT(English Language Teaching) 교재로 사용할 수 있게 영어 학습자의 수준별로 제한된 어휘를 활용한 명작 콘텐츠를 제공한다. 고전부터 현대 작품까지 다양한 책이 있고 무료 테스트, 워크시트도 제공된다. 원서를 가지고 있는 사람은 이 사이트에서 오디오북만 구매해서 들으면 된다.

3. VOA(Voice of America)

ELLLO, Penguin Readers보다 수준이 높다. ESL(English as a Second Language), 즉 영어를 제2외국어로 공부하는 사람을 위한 영어 뉴스, 멀티미디어 자료들이 있다. 단어 1500개를 기준으로 미국을 포함한 세계 주요 기사와 그 스크립트를 제공한다. 속도는 일반적인 속도의 70% 정도로 영어 학습자에게 최적화되어 있다.

지금까지는 이 플랫폼들에서 그나마 자기 수준에 '가까운' 리스닝 자료를 얻을 수 있었다. 하지만 이곳 역시 완벽하지는 않다. 자기 수준에 맞고 공부 동기가 생길 만큼 좋은 자료를 찾는 데 시간이 든다. 찾았다 싶어도 들어보면 예상보다 어려워서 아쉬움을 느끼곤 했을 것이다.

그런데 이제는 이해 가능한 수준의 리스닝 자료를 찾으러 다닐 필요가 없다. 당신의 관심사와 일치하고 동기가 부여될 만한 콘텐츠를 고르기만 하면 챗GPT가 당신 수준에 맞는 리스닝 자료를 만들어주니까. 챗GPT에게 요청만 하면 당신 귀에 쏙쏙 들어오는 영어를 들을 수 있다.

챗GPT로
무한 리스닝 자료 만들기

먼저, 유튜브 영상을 가지고 리스닝 자료 만드는 법을 설명하겠다. 당신의 취향에 맞는 영어 영상 하나를 고르자. 평소 좋아하는 인물의 인터뷰 영상, 관심 있는 이슈를 소개하는 영상 등 무엇이든 괜찮다.

STEP1. 영상을 고른 다음 하단에 '…'을 클릭한다.

STEP2. 뜨는 항목 중에서 '스크립트 표시'를 클릭하면 영상속 음성을 자막으로 볼 수 있다.

STEP3. 시간별로 자막이 뜨면 상단에 ' : ' → '타임스태프 전환'을 차례로 클릭한다. 시간은 지워지고 자막만 남는다.

STEP4. 스크립트를 복사한다(Ctrl+C).

STEP5. 챗GPT New chat에 프롬프트(ⓟ)를 입력하고 STEP4에서 복사한 스크립트를 붙여넣고(Ctrl+V) 엔터를 누른다.

ⓟ Can you paraphrase the following script for 레벨: 스크립트

ⓟ Rewrite it in 레벨: 스크립트

확장 프로그램 'YouTube & Article Summary powered by ChatGPT'를 설치했다면(49쪽 참조) 해당 프로그램 아이콘을 클릭한다. 유튜브 스크립트를 자동으로 받을 수 있다.

레벨 부분에는 당신이 앞에서 측정한 CEFR 레벨을 적으면 된다. 아직 레벨 테스트를 거치지 않았다면 다음과 같이 레벨을 구분하기 바란다.

beginner/intermediate(medium)/higher-level ESL students

(영어를 제2외국어로 배우는 초급/중급/고급 레벨 학습자)

예로, 일론 머스크 CNN 인터뷰 일부를 복사해 챗GPT에게 A1 레벨로 패러프레이징(바꿔 쓰기)을 요청해보겠다.

Can you paraphrase the following script for
CEFR A1 students:
You want to share what you have to say?
I'll say what I want to say.
And if
if the consequence of that
is losing money, so be it.
That is Elon Musk in just a remarkable
stunning eye opening interview.
One of the things he said
that he didn't care
if he loses money over
inflammatory tweets that draw
the ire of Tesla's shareholders
or Twitter advertisers.

Do you want to express your thoughts?
I will express what I want to say.
And even if
even if the result of that
is losing money, I accept it.
That is Elon Musk in an extremely
impressive and thought-provoking interview.

챗GPT 영어 혁명

One of the points he made
is that he doesn't mind
losing money because of
controversial posts on Twitter
that upset Tesla's shareholders
or Twitter advertisers.

당신이 프롬프트를 입력하면 챗GPT가 요청대로 스크립트를 패러프레이징해줄 것이다.

CEFR 수준이 낮을수록 패러프레이징 분량이 짧을 수 있다. 그런 경우에는 어떤 프롬프트를 쓸 수 있을까? 조금 더 길게 써달라고 요청하면 된다.

ⓟ Tell me more in detail.

그럼 챗GPT가 아까보다 분량을 1.5배에서 2배가량 늘려서 패러프레이징해준다.

만약 챗GPT가 패러프레이징한 내용이 어렵다면 자료 수준을 낮추면 된다. 챗GPT에게 레벨을 낮춰서 다시 패러프레이징해달라고 요청하자. A2로 요청한 사람은 A1으로, B1으로 요청한 사람은 A2로 자료를 패러프레이징해달라고 요청한다. A1으로 패러프레이징했는데도 자료가 어렵다면 이렇게 요청하자.

Ⓟ Could you make it easier? I am a beginner: 스크립트

자, 우리는 리스닝 자료를 만드는 게 목표다. 챗GPT가 패러프레이징한 내용을 복사해 Vrew(vrew.voyagerx.com/ko/)로 간다.

STEP6. '체험하기' → '+ 새로 만들기' → 'AI 목소리로 시작하기'를 차례로 클릭한다.

STEP7. 입력창에 챗GPT가 패러프레이징한 내용을 붙여넣기 한다.

STEP8. 입력창 위 '목소리 수정'을 누른다. 언어는 English, '전체 AI 목소리'에서는 원하는 목소리를 선택하고 미리듣기 버튼을 클릭한다.

AI 목소리가 추천으로 되어 있으면 언어를 영어로 선택했을 때 '검색 조건에 해당하는 AI 목소리가 없습니다'라는 문구가 뜰

것이다. 그럴 경우 '모든 목소리 보기'나 '전체'를 클릭하자. 다니엘부터 클라라까지 20여 가지 AI 목소리가 나온다. 'FREE'라고 표시된 AI 목소리를 선택하면 무료로 음성 파일을 만들 수 있다. 내보내기(웹사이트에서만 지원)를 클릭해서 음성 파일을 저장한다.

영어를 배우는 환경에는 2가지가 있다. 영어를 일상적으로 사용하는 'ESL' 환경, 영어를 사용하지 않는 'EFL(English as a Foreign Language)' 환경이 그것이다. 우리나라는 영어를 일상적으로 사용하지 않는 EFL 환경에 속한다.

따라서 한국에 사는 당신이 영어에 지속적으로 노출되기란 쉬운 일이 아니며, 영어에 노출되는 시간 대부분은 아마도 '영어 수업 시간'일 것이다. 그런데 이제는 언제든 이해 가능한 수준의 영어에 노출될 수 있다.

챗GPT와 Vrew로 만든 당신의 오디오를 항상 듣기 바란다. 출퇴근할 때, 등·하교할 때, 운동할 때. 그리고 에코잉을 하자. 에코잉은 소리를 듣고 메아리가 울리듯이 2, 3초 뒤에 따라서 말하는 훈련이다. 리스닝을 할 때는 단순히 알아듣는 수준을 넘어 따라 말해야 한다. 최고의 리스닝 자료는 당신이 입으로 연습하는 자료다. 이미 당신의 귀에 익숙한 자료를 들으며 따라 하는 것이 영어 말하기에도 효과적이다. 100% 완벽하지 않아도 괜찮다. 처음에는 들은 내용의 60~70%만 따라 해도 훌륭하다.

All in English
유튜브 영어 채널 100

유튜브에서 영어 영상을 찾는 일이 초급자에게는 어려울 수 있다. 지금 알고 있는 것보다 더 많은 채널을 찾고 싶은데 어떻게 해야 할지 모르는 사람도 있을 것이다. 그래서 이번에는 유튜브를 100% 영어 환경으로 만드는 방법을 소개한다.

유튜브에서 인기 있는 카테고리 10개를 선별한 다음, 그 카테고리의 상위 10개 채널을 정리했다. 이 채널 중 마음에 드는 채널은 구독 설정을 하자. 구독 설정 후 유튜브에 다시 들어갔을 때 알고리즘에 따라 국내 콘텐츠가 뜨면 '채널 추천 안 함' 혹은 '관심 없음'을 누르면 된다. 순수하게, 100% 영어 환경이 만들어질 것이다.

구독 설정한 채널들은 한곳에 정리해둘 수도 있다. 설정에서 '채널 추가 또는 관리'를 클릭해 새로운 채널을 만든 다음 영어 리스닝을 위해 구독하는 채널들을 그곳에 모아두면 된다.

과학(Science)

- AsapSCIENCE
- Kurzgesagt
- SmarterEveryDay
- minutephysics
- TheBackYardScientist
- charlieissocoollike
- BeyondScience
- Science Channel
- IncredibleScience
- Insider Science

뉴스(News)

- VICE
- IndiaTV
- truly
- CNN
- Vox
- ABS-CBN News
- Inside Edition
- ABC News
- The Young Turks
- BBC News

챗GPT 영어 혁명

교육(Educational)

- The King of Random
- National Geographic
- Crash Course
- Ted-Ed
- Matthew Santoro

- Alltime10s
- SciShow
- Veritasium
- #Mind Warehouse
- Khan Academy

역사(History)

- History Channel
- AlternateHistoryHub
- Simple History
- Oversimplified
- History Buffs

- Overly Sarcastic Productions
- Historia Civillis
- BazBattles
- Feature History
- Timeline - World History
  Documentaries

음악(Music)

- Ed Sheeran
- Eminem
- Katy Perry

- Taylor Swift
- One Direction
- Ariana Grande

- Spinnin' Records
- Trap Nation

- Bruno Mars
- Marshmello

코미디(Comedy)

- Smosh
- shane
- JennaMarbles
- Liza Koshy
- Lilly Singh

- FailArmy
- Rclbeauty101
- CollegeHumor
- Lele Pons
- The Tonight Show
  Starring Jimmy Fallon

여행(Travel)

- INSIDER
- Mark Wiens
- George Benson Travel
- Collin Abroadcast
- High On Life

- Expedia
- Miss Mina
- Chonnyday
- Stories
- Rick Steves' Europe

요리(Cooking)

· Tasty

· Epic Meal Time

· Jamie Oliver

· How To Cook That

· Binging with Babish

· Laura in the Kitchen

· MaangChi

· JunsKitchen

· Bon Appetit

· SORTEDfood

운동(Fitness and Workout)

· FitnessBlender

· blogilates

· XHIT Daily

· POPSUGAR Fitness

· ScottHermanFitness

· The Fitness Marshall

· Guru Mann Fitness

· Whitney Simmons

· Jordan Yeoh Fitness

· Sascha Fitness

요가(Yoga)

· Yoga With Adrienne

· PsycheTruth

· Boho Beautiful

· KinoYoga

· Fightmaster Yoga

· SarahBethYoga

· TaraStiles

· Ekhart Yoga

· DOYOUYOGA.com　　　· Yoga By Candace

추천 유튜브 채널을 한 번에 다운로드하려면

CHAPTER4

영어 책은
사는 게 아니라
만드는 것이다

—— 챗GPT 인생 필수 영어 책 ——

단어를 얼마나 알아야 영어를 잘할 수 있을까?

"중학교, 고등학교 다닐 때 정말 영어 잘했어요. 단어장, 문법책 옆에 끼고 다닐 정도로 열심히 공부했고요. 그 덕에 좋은 대학교 입학하고 남들이 선망하는 대기업 입사도 했습니다. 그런데 동기들이 다들 외국어 특기자예요. 저만 뒤처질 것 같아서 영어 공부를 다시 시작하려는데 어떻게 해야 할지 모르겠어요."

이것은 영어 하다 말다 하면서 실패와 도전을 반복하는 사람들의 이야기다. 중·고등학교와 대학교만 합쳐도 영어 공부한 지 10년이다. 취업 준비와 회사에 다니는 동안 영어 공부를 했다면 최대 5~6년은 더해진다. 오래 공부했다. 그런데 남은 게 없다.

다시 마음을 다잡고 영어 공부를 시작하면 아무리 공부를 하고 또 해도 실력이 느는 게 잘 느껴지지 않는다. 명확한 목표가 없어서 그렇다. 이렇게 목표가 명확하지 않으면 언제 영어가 늘지 몰라 답답해지고 마음만 조급해지기 쉽다.

시간도 턱없이 부족하다. 영어를 잘하려면 충분히 듣고 읽고 연습할 시간이 필요한데, 집에 오면 그냥 침대에 쓰러지기 일쑤다. 그렇다고 누군가가 하루 종일 영어로 말을 걸어주는 환경에 있는 것도 아니다.

나는 이런 사람들에게 무조건적인 암기를 권하지 않는다. 영어 단어를 외우고 발음을 외우고 문장을 외우는 인풋은 이미 넘친

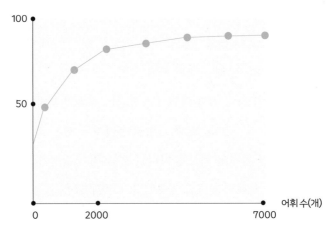

챗GPT 영어 혁명

다고 볼 수 있다. 지금까지 학교에서, 학원에서 인풋 중심의 영어 공부를 오랫동안 해왔기 때문이다. 이 상황을 해결하기 위해서는 무엇보다 전략적인 접근이 필요하다.

경영학에는 '파레토의 법칙'이 있다. 20%의 핵심 인자가 80%의 결과를 좌우한다는 법칙인데, 이는 영어 습득에 있어서도 그대로 들어맞는다. 그래프에서 볼 수 있듯이 약 2000개 단어를 알고 있으면 원어민 영어의 80%를 이해할 수 있다.

오랫동안 영어를 공부했는데 실패했고, 다시 공부를 하려니 예전과 같이 몰입할 수 없는 사람이라면 최소한의 것만 익힌 후 활용하는 데 초점을 맞춰야 한다. 기본 단어, 문장을 듣고 읽고 말하면 된다. 이러한 반복 훈련을 통해 단어와 문장을 체화하고 그것을 응용해 수천 번 혼잣말 연습을 한다. 그러면 외우려고 했던 그 단어와 문장이 어느새 귀와 입에 붙게 될 것이다. 이 과정에서 말할 수 있는 문장이 늘어나고 그에 비례해 들을 수 있는 영어도 많아진다.

이번 시간에는 챗GPT를 통해 반드시 익혀야 하는 기본 단어를 찾고, 외우지 않아도 머릿속에 들어올 때까지 필수 문법 설명을 듣고, 단어와 문법으로 문장·대화문을 만들어서 체화하는 법까지 알려주겠다.

반드시 익혀야 하는
핵심 단어

앞에서 말했듯이 영어는 100% 인풋으로 100% 아웃풋을 얻는 게 아니다. 핵심 20%의 인풋으로 80%의 아웃풋을 낼 수 있다. 그래서 이번 시간에는 챗GPT에게 '상위 20%' '원하는 결과 80%'라는 조건으로 핵심 단어를 얻고 체화하는 법을 소개하겠다.

STEP1. 대화창에 프롬프트를 입력한다.

ⓟ Identify the top 20% words of everyday conversations in English that will yield 80% of the desired results.

STEP2. 단어 개수를 원하는 만큼 요청한다. 단, 최대 2000개로 제한한다.

ⓟ Please give me the rest of the <u>단어 개수</u> words.

STEP3. 중간에 챗GPT가 멈추면 작업을 지속하라고 요청한다.

ⓟ Keep going.

단어는 2000개를 넘지 않아야 한다. 우리가 외국인과 소통하는 데 필요한 단어 개수는 2000개 정도다. 그 이상을 넘어가면 5000개든 7000개든 결과에 큰 차이가 없다(102쪽 참조).

챗GPT가 요청한 핵심 단어를 모두 뽑아주면 그 단어로 문장을 만들자. 당신이 단어를 공부하는 이유는 영어로 대화할 수 있는 수준이 되기 위해서다. 그러기 위해서는 관련 문장을 체화해서 당신 머릿속의 문장 자원을 늘려야 한다. 그리고 그 자원으로 당신의 생각을 실제로 말하는 과정을 거쳐야만 한다.

STEP4. 요청한 단어로 대화문 만들어달라고 요청한다.

ⓟ Please provide me with <u>대화문 개수</u> conversations that <u>레벨</u> students can learn the complete list of 2000 most commonly used words.

이 방법대로 챗GPT에게 A1 레벨로 단어 100개, 대화문

100개를 요청해보겠다.

Identify the top 20% words of everyday conversations in English that will yield 80% of the desired results.

Identifying the exact top 20% of words that yield 80% of the desired results in everyday conversations is subjective and can vary depending on the context and individual preferences. However, I can provide you with a list of commonly used words in English that are generally considered essential for everyday conversations. These words are frequently used and understanding them will certainly help in achieving effective communication.

1. Hello
2. Goodbye
3. Yes
4. No
5. Thank you
6. Please
(…)

Please give me the rest of the 100 words.

Certainly! Here are the remaining words to complete the list of 100 words frequently used in everyday conversations:

(...)

96. Big

97. Small

98. Old

99. New

100. Best

Please provide me with 100 conversations that CEFR A1 level students can learn the complete list of 100 most commonly used words.

Conversation 1:

Person A: Hello!

Person B: Hi there!

Person A: How are you?

Person B: I'm good, thanks. And you?

Person A: I'm fine, too. What's your name?

Person B: My name is John. What about you?

Person A: I'm Sarah. Nice to meet you, John.

Person B: Nice to meet you too, Sarah.

Conversation 2:

Person A: Can I help you?

Person B: Yes, please. I need some information.

Person A: Sure, what do you want to know?

Person B: I'm looking for a good restaurant. Any recommendations?

Person A: There's a nice Italian restaurant nearby. Would you like to try it?

Person B: Sounds good. What's the name of the restaurant?

Person A: It's called Bella Italia. It's on Main Street.

Person B: Great, thank you for your help.

(…)

이처럼 일상 대화에서 쓰이는 어휘의 20%로 대화문이 만들어진다. 챗GPT가 뽑아준 단어, 대화 리스트가 마음에 들지 않는다면 'Regenerate response'를 클릭하거나 프롬프트를 다시 입력하면 된다. 챗GPT가 새롭게 만들어줄 것이다.

이렇게 만들어진 단어, 대화문은 꼭 음성 파일로 만들어야 한다(90쪽 참조). 영어를 오랫동안 공부했음에도 실력이 늘지 않는다면 그것은 영어 문장을 입으로 소리 내어 훈련하지 않았기 때문이다. 영어 문장을 체화한다는 것은 그 문장의 형태뿐만 아니라 소리까지 익히는 것을 말한다. 대부분은 문장을 외우면서 구조만 대충 익히고 소리까지는 신경 쓰지 않는다.

중학교 영어 수준의 핵심 단어로 만든 기본 문장을 듣고 말할 수 있을 만큼 입과 귀로 훈련하자. 당신은 그동안 영어를 배워왔기 때문에 사실상 영어를 모르는 게 아니라 머릿속에 그동안 배운 것들이 잘 정리되어 있지 않을 뿐이다. 기본 문장을 입으로 체화하면서 영어 지식을 정리할 필요가 있다.

영어 하는 뇌를 만드는
필수 문법

당신은 지금까지 영어 문법을 설명하는 수업을 들으며 지식을 쌓고, 문장이 아닌 단어를 외우고, 필요 없는 표현을 눈으로 익히는 방식으로 공부를 해왔다. 이제는 깨달았을 것이다. 그 방식이 영어 공부의 전형적인 실패 공식이라는 사실을 말이다.

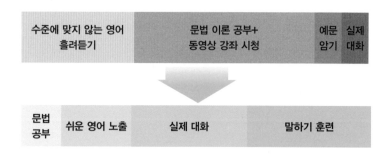

단어를 외우고 문법을 공부하는 패턴에서 벗어나자. 앞에서 말했듯이 단어는 핵심 단어를 문장으로 만들어 섀도잉, 에코잉 훈련을 통해 익히면 된다. 그런데 만약 당신이 기본기가 부족해 영어 문법을 공부하고 싶다면, 기본 문장 구조를 이해하기 위해 최소한의 문법 규칙을 배워야 한다면, 그런 당신에게 챗GPT와 함께하는 효율적인 방법을 알려주겠다.

영어로 일상 대화를 하는 데 필요한 문법은 50개면 충분하다.

STEP1. 핵심 문법을 요청하는 프롬프트를 입력한다.

ⓟ Please give me top 50 english grammer structures of everyday conversations in English.

STEP2. 문법을 쉽게 이해할 수 있도록 설명과 예문을 요청한다.

ⓟ Can you provide me with the easiest explanation with many example sentences?

STEP3. 대화문을 만들어달라고 요청한다.

ⓟ Please provide me with 대화문 개수 conversations that beginner level students can learn all the top 50 english grammer structures of everyday conversations in English.

예문, 대화문은 에코잉 훈련까지 할 수 있도록 반드시 음성 파일을 만들어야 한다(90쪽 참조). 문법 구조를 암기하는 것보다 그 문법을 충분히 이해한 다음 문장으로 만들어 듣고 읽는 연습을 하는 것이 백번 낫다.

세계적인 베이스 기타리스트 앤서니 웰링턴은 한 분야에서 전문성을 갖추려면 4단계의 의식(awareness)을 거쳐야 한다고 말했다.

무의식적 무지 – 의식적 무지 – 의식적 지식 – 무의식적 지식

우리는 자신이 무엇을 모르는지 의식함으로써 부족한 지식을 깨닫는다. 대개 악기를 취미로 배우는 사람들이 이 두 번째 단계에 머물러 있다. 그러나 더 열심히 몰입해서 연습하고 더 많은 스킬과 이론 등을 배워나가면 다음 단계인 '의식적 지식'에 도달할 수 있다. 이 단계는 자신의 연주 방법과 이론을 모두 알고 있는 상태로, 대부분의 뮤지션이 이 레벨에 머물고 있다. 마지막 네 번째 단계에 도달하면 본인의 연주에 대해서 완전히 파악하고 있을 뿐

아니라 심지어 그것에 대해 생각하는 일마저 없어진다. 정확히 말하면 생각할 필요조차 느끼지 않는 것으로 더할 나위 없이 행복한 상태에 머물러 있다고 할 수 있다.

악기를 배울 때와 마찬가지로 영어 공부에 있어서도 의식과 무의식을 인지하는 것은 중요한 일이다. 어떤 것을 배울 때 그것의 성공 여부는 얼마나 많은 것을 무의식적으로 할 수 있는지에 달려 있다. 영어 또한 '얼마나 많은 문장을 무의식적으로 말할 수 있을 만큼 연습했는가'가 성공 여부를 결정한다.

영어 학습에 있어 마지막 단계인 무의식적 지식에 도달하려면 어떻게 해야 할까? 영어를 잘한다는 것은 하고 싶은 말을 3초 안에 꺼낼 수 있는 상태로 활성화시키는 것이다. 여기서 필요한 것은 결국 '영어 문장'이다. 따라서 당신은 문장들을 확실히 씹어삼켜서 언제든 응용할 수 있는 기본 자원으로 확보해야 한다. 그런 다음 실제 대화문을 외워야 한다. 실제 대화에는 인물의 '감정'이 담겨 있기 때문이다. 감정을 담아 이야기(표현)하기 위해서는 많은 연습이 필요하다.

예로, 챗GPT에게 일상 대화에 필요한 문법 50개, 설명, 예문, 대화문을 요청해보겠다.

Please give me top 50 english grammer structures of everyday conversations in English.

Certainly! Here are 50 common English grammar structures used in everyday conversations:

Sure! Here are 50 common English grammar structures used in everyday conversations:

1. Subject + Verb: "I eat."
2. Subject + Verb + Object: "She drinks coffee."
3. Subject + Verb + Adjective: "He is tall."
4. Subject + Verb + Adverb: "They run quickly."
5. Subject + Verb + Noun: "We are students."
(...)

Can you provide me with the easiest explanation with many example sentances?

챗GPT 영어 혁명

Certainly! Here are simplified explanations of each grammar structure along with multiple example sentences:

1. Subject + Verb: This is a basic sentence structure where the subject performs an action.
- Example sentences: "She sings." "They play."

2. Subject + Verb + Object: The subject performs an action on an object.
- Example sentences: "He reads a book." "We ate pizza."

3. Subject + Verb + Adjective: The subject performs an action and is described by an adjective.
- Example sentences: "She is happy." "They feel tired."

4. Subject + Verb + Adverb: The subject performs an action with a specific manner.
- Example sentences: "He runs quickly." "They speak softly."

5. Subject + Verb + Noun: The subject performs an action related to a noun.

- Example sentences: "We are students." "She became a doctor."

(...)

Please provide me with 50 conversations that beginner level students can learn all the top 50 english grammer structures of everyday conversations in English.

Certainly! Here are 50 sample conversations that incorporate the top 50 English grammar structures for beginner-level students:

Conversation 1:
A: Hi, how are you?
B: I'm fine, thanks. How about you?
A: I feel tired today.
B: Why is that?
A: I stayed up late last night studying.

Conversation 2:

챗GPT 영어 혁명

A: What do you like to do in your free time?
B: I enjoy playing video games.
A: That sounds fun. I prefer reading books.

Conversation 3:
A: Did you see the movie yesterday?
B: Yes, I watched it with my friends.
A: Was it interesting?
B: Yes, I found it very exciting.
(…)

이해 안 되는 문법은 챗GPT에게 강의를 요청하자.

(P) Could you give me a lesson for a beginner on 문법?

챗GPT 문법 설명을 이해하기 어려울 경우 레벨을 더 낮춰달라고 하거나 한국어로 설명해달라고 요청하면 된다.

(P) Could you give me a beginner's explanation?

(P) Can you translate it into Korean?

한국어 설명을 이해하면 그 내용을 챗GPT에게 영어로 바꿔 달라고 요청한다. 영어로 한 번 더 읽으면서 이해의 깊이를 더하자.

Ⓟ Could you give me a beginner's explanation of 문법 in English?

이제 문법 강의 듣고, 책 사는 데 돈 쓸 필요 없다. 공부하고 싶은 단어, 문법이 있을 때 관련 예문을 찾는 수고도 없다. 궁금한 것은 무엇이든 편히 묻고, 원하는 만큼 예문과 대화문을 만들어 문장으로 공부할 수 있다.

당신은 단지 영어와 관련된 작은 성공을 하나씩 쌓아가기만 하면 된다. 환경은 챗GPT가 만들어줄 것이다. 지금껏 어떤 강의, 책에서도 해주지 못한 것을 말이다.

단어, 문법, 문장을
장기 기억으로 전환하는 법

이번 시간에는 앞에서 차곡차곡 쌓은 단어, 문법, 문장을 단기 기억에서 장기 기억으로 전환하는 법을 소개하겠다. 스토리텔링이라고 들어본 적 있을 것이다. 재미있는 이야기를 통해 내용을 효과적으로 전달하거나 배우는 기법이다. 우리는 1주 전에 공부한 내용은 잊어도 1년 전에 본 드라마 줄거리는 잘 기억하지 않는가. 이 스토리텔링 기법을 통해 공부한 내용을 장기 기억으로 전환해보자. 가장 어려운 스토리텔링은 챗GPT가 해줄 것이다.

STEP1. 학습한 문법을 스토리로 만들어달라고 요청한다.

Ⓟ Transform key concepts or lessons from 문법 into

engaging stories or narratives to help me better remember and understand the material.

STEP2. 만든 스토리를 한국어로 해석해달라고 요청한다.

 Please translate the following into Korean?

영어를 학습하는 사람들이 많이 어려워하는 '주어 동사 일치 (subject-verb agreement)'를 예로 들어보자. 챗GPT에게 스토리를 만들고 한국어로 해석해달라고 요청해보겠다.

> Transform key concepts or lessons from subject-verb agreement into engaging stories or narratives to help me better remember and understand the material.

Story 1: The Tale of the Mischievous Verb
Once upon a time, in the vibrant village of Verbia, there lived a mischievous verb named Vinnie. Vinnie had a unique power: he could change his form to match the subject of a sentence. However, this power sometimes got him into trouble.
(…)

Please translate the following into Korean :
Story 1: The Tale of the Mischievous Verb
Once upon a time, in the vibrant village of
Verbia, there lived a mischievous verb named
Vinnie. Vinnie had a unique power: he could
change his form to match the subject of a
sentence. However, this power sometimes got
him into trouble. (…)

이야기 1: 장난꾸러기 동사의 이야기
옛날 옛날에 활기 넘치는 베르비아 마을에 장난꾸러기 동사
빈니라는 이름의 동사가 살고 있었습니다. 빈니는 특별한 능
력을 가지고 있었어요: 문장의 주어에 맞춰 자신의 형태를
변화시킬 수 있는 능력이었습니다. 하지만 이 능력 때문에
가끔 문제에 휘말리곤 했어요. (…)

챗GPT가 만들어준 스토리, 한국어 해석을 가지고 Vrew에서
음원을 만든 다음 틈날 때마다 듣고 따라 하자(90쪽 참조).

무엇을 하든 방법이 단순하고 재미있을수록 실천하기 쉬운
법이다. 스토리텔링으로 단기 기억을 장기 기억으로 전환하면, 그

이야기로 배운 단어, 문법, 문장을 언제 어디서나 *끄*집어낼 수 있게 된다. 그러다 보면 말할 수 있는 영어의 범주가 점차 늘어난다.

CHAPTER5

당신은
모든 말을
영어로 할 수 있다

일 년 내내
0원으로 어학연수하는 법

정확히 말하자면 당신은 영어를 아예 못하는 것이 아니다. 어느 정도는 듣고 읽고 쓰고 하지만 '말하기'가 안 될 뿐이다. 대체 왜 '말'이 안 되는 걸까?

인간이 하는 행위는 크게 2가지로 나눌 수 있다. 운동 행위와 사고 행위. 이 둘은 자극과 반응 사이의 시간차로 구분할 수 있다. 자극이 있은 후 2초 안에 반응이 이루어져야 하는 것이 운동 행위라면, 자극이 있은 후 2초 이상 생각을 거친 뒤 반응하는 것은 사고 행위다.

운동 행위는 말 그대로 운동이다. 권투, 수영, 탁구, 사이클, 유도 등 이와 같은 운동은 '자극-반응'이 실시간으로 이루어져야 한다. 반면, 사고 행위는 쉽게 말해 공부에 가깝다. 암호 해독이나 수학 문제 풀이와 같이 머리를 써서 문제를 풀고 답을 적는 행위가 이에 속한다.

그렇다면 인간이 입으로 소리를 내서 소통하는 행위는 어디에 속할까? 공부에 가까우니 사고 행위라고 생각하는 사람도 있겠지만 어떠한 언어든지 입으로 내뱉어서 소통하는 행위는 철저히 운동 행위에 속한다. 다리 근육을 써서 달리는 것과 마찬가지로 혀와 입술을 움직여 말하는 것 또한 일종의 운동이다.

그래서 영어 회화를 위한 훈련법은 지금까지 당신이 배운 영어 공부법과는 달라야 한다. 상대의 말을 듣자마자 이해하고 그에 대한 답변을 빠르게 하는 훈련이 필요하다. 하지만 EFL 환경인 우리나라에서는 영어를 말할 수 있는 기회 자체가 거의 없다. 어떻게 해야 할까? 회화 학원에 다녀야 할까? 온라인이나 오프라인에서 튜터를 찾아야 할까? 아니면 어학연수를 가야 할까?

셋 다 돈이 든다. 잊지 말자. 이 책은 지금 당장 0원으로 국내에서 어학연수 효과를 얻는 법을 알려준다. 당신은 영어를 잘하기 위해 어학연수를 갈 필요가 전혀 없다. 영어를 잘하는 데에는 책도, 선생도, 학원도 필요 없다. 챗GPT만 있으면 된다. 당신이 두 발로 딛고 있는 그곳을 최고의 영어 환경으로 재창조해보자.

일상 대화를
모두 영어로 바꾸기

당신이 어학연수를 가면 거의 모든 일상 대화가 영어로 바뀐다. 100% 영어 환경이 되는 것이다. 영어로 듣고 말하는 생활이 날마다 반복된다. 그런데 만약 어학연수를 가지 않아도 한국에서 당신이 하는 모든 대화가 영어로 바뀐다면 어떨까?

STEP1. 통화, 대화, 회의, 인터뷰 등 공부에 사용할 음성을 녹음한다.

STEP2. 네이버 클로바노트(Clova Note)에 로그인한다.

STEP3. '새 노트 만들기'를 클릭한 다음 음성 파일을 첨부한다.

STEP4. 음성 종류를 선택하고 확인을 눌러 텍스트로 변환한다.

STEP5. 한글, 워드, txt, srt 등 원하는 파일 형식으로 다운로드한다.

클로바노트는 웹사이트에서는 한 달에 300분(5시간) 분량의 음성을 무료로 텍스트화할 수 있다. 앱에서는 무제한 변환이 가능하다. 필요에 따라 마음껏 이용하면 된다. 만들어진 텍스트를 보면 약간 어색하거나 잘못 변환된 부분이 있을 것이다. 그런 경우에는 '편집'에서 수정을 하면 된다.

한국어 음성 파일을 클로바노트에서 텍스트로 변환하고 챗GPT를 통해서 영어로 바꿀 것이다. 그러니 텍스트를 다운로드할 때 불필요한 내용은 빼는 게 좋다. 시간 기록과 참석자는 삭제하자. 이제 챗GPT로 넘어가 텍스트를 영어로 번역해달라고 요청한다.

STEP6. 프롬프트를 입력한다.

Ⓟ Translate the following into English for 레벨 Students: 변환한 텍스트

이어서 변환한 텍스트를 복사해 붙여넣고 엔터를 누른다. 순식간에 영어 스크립트가 나올 것이다. 스크립트에 화자(PERSON1,

PERSON2)까지 표시되어 있다면 빼달라고 요청하자.

STEP7. 공부에 불필요한 부분은 깔끔하게 삭제해달라고 한다.

ⓟ Please make it without telling the speaker.

챗GPT가 영어로 번역해준 대화문을 보면 생각보다 어려울 수 있다. 그때는 이해 가능한 수준으로 난도를 낮춰달라고 하면 된다. 대화문을 읽었는데 이해가 잘되지 않거나 모르는 단어나 문법이 있으면 챗GPT에게 설명, 예문을 추가로 요청해 반드시 이해하고 넘어간다.

챗GPT가 번역해준 내용을 다시 한국어로 번역해 공부해도 된다. 'DeepL 번역: 세상에서 가장 정확한 번역기'라는 웹사이트를 이용하자. 파파고나 구글 번역처럼 언어를 선택하고 입력하면 한국어로 번역할 수 있다.

이제 이렇게 얻은 자료들을 Vrew에서 오디오 파일로 만들면 된다(90쪽 참조). 파일을 만들 때 상단에 '목소리 수정' 버튼을 클릭해서 화자마다 목소리를 각각 다르게 설정할 수도 있다. 그렇게 만든 음원을 가지고 에코잉하자. 속도가 빨라서 따라 하기 어려우면 초반에는 속도를 늦춰서 해도 좋다.

지금까지 당신은 만들어진 말, 남의 말로 영어를 배웠다. 사람마다 특유의 말투, 자주 쓰는 표현이 있는데 당신의 것이 아닌 말투, 표현을 억지로 배웠다. 그런 영어가 입을 트이게 할 수 있을까? 반대로 당신이 하는 말투, 표현 그대로 영어를 배운다면 어떻게 될까? 당신 입에 붙어 있던 것들이니 남의 말을 익히는 것보다 더 빨리 배우고, 실력도 빠르게 향상될 것이다.

챗GPT로
한영 통역 훈련하기

앞서 말했듯이 영어를 하는 것은 운동 행위에 속하며, 영어를 익히는 방법은 운동 기술을 익히는 방법과 같다. 운동 기술을 습득하는 데에는 3가지 특징이 있다.

· 기초부터 익힌 기술을 바탕으로 숙련도를 올린다
· 최소한의 지식을 가지고 직접 몸으로 해봐야 한다
· 필연적으로 실수와 시행착오가 따른다

이 장에서 강조하고 싶은 것이 바로 두 번째 특징이다. 지금까지 익힌 영어를 가지고 실제로 대화해봐야 한다. 그런데 한계가 있다. 영어 학원을 다니지 않거나 외국인 친구나 선생님이 없으면 영어로 대화할 기회가 거의 없다. 그렇다면 어떻게 해야 할까?

이때 필요한 것이 바로 '혼잣말 연습'이다. 영어 학습의 본질은 외국인과 이야기를 나누는 것이 아니라 자신의 생각과 느낌을 영어로 말하는 것에 있기 때문이다.

영어로 말할 때는 떠오르는 생각이 3초 이내에 바로 입으로 나와야 한다. 이 훈련을 혼잣말 연습에서도 해야 한다. 생각을 한국어로 정리하고 영어로 어떻게 말할까 생각한 다음 문장을 만들어서는 안 된다. 무의식적인 모국어의 개입을 최소화해야 한다. 그 최소화하는 훈련이 바로 동시통역이다.

STEP1. 프롬프트와 함께 영어로 말하고 싶은 한국어를 입력한다.

ⓟ Translate the following into English: 한국어

STEP2. 챗GPT가 영어로 바꿔준 것을 레벨에 맞게 설명해달라고 요청한다.

ⓟ Could you give me a beginner's explanation?

ⓟ Could you give me a beginner's explanation with many example sentences?

설명만 요청할 때는 'Could you give me a 레벨 explanation?'
을, 설명과 예문을 보고 싶을 때는 설명을 요청하는 프롬프트 뒤
에 'with many example sentences?'를 붙이면 된다. 프롬프트
하나로 원하는 예문을 마음껏 볼 수 있다.

"뭐 해?"를 영어로 바꿔달라고 하고, 관련된 설명과 예문을 요
청해보겠다.

> Translate the following into English: 뭐 해?

"What are you doing?"

> Could you give me a beginner's explanation?

Certainly! "뭐 해?" is a casual question in Korean
that translates to "What are you doing?" in English.
Let's break it down:

- "뭐" (mwo) is a shortened form of "무엇" (mueot), which means "what" in English. It is commonly used in spoken language.
- "해" (hae) is the casual form of the verb "하다" (hada), which means "to do" in English. It is conjugated to match the informal speech level.

So when someone asks "뭐 해?" in Korean, they are asking about your current activity or what you are currently engaged in. It's a simple and commonly used question to start a conversation and inquire about someone's actions or state at the moment.

Could you give me a beginner's explanation with many example sentances?

Certainly! Here are some example sentences to help you understand the usage of "뭐 해?" (What are you doing?) in different contexts:

1. Friend A: 뭐 해? (What are you doing?)
   Friend B: 지금 숙제를 하고 있어. (I'm doing my homework right now.)

2. Parent: 뭐 해요? (What are you doing?)
   Child: 게임을 합니다. (I'm playing a game.)

3. Sibling: 뭐 해? (What are you doing?)
   Sibling: TV를 보고 있어요. (I'm watching TV.)

4. Colleague: 뭐 해? (What are you doing?)
   Colleague: 회의 자료를 준비하고 있어요. (I'm preparing for a meeting.)

   (…)

당신이 한국어를 말하고 챗GPT가 빠르게 영어로 바꿔주는 과정이 곧 '당신의 생각을 바로 영어로 말하는 훈련'이다. 이 동시 통역 훈련을 하면 영어 실력이 한층 향상될 수 있다.

매일 하루 일기를 쓰듯 떠오르는 생각이나 말을 챗GPT에게 물어보자. 처음에는 30초, 1분, 2분 길이로 하고 점차 시간을 늘려가자. 그런 시간이 차곡차곡 쌓이면 어느새 30분 동안 영어로 이야기하게 될 것이다. 30분간 영어로 대화할 수 있다면 영어 꽤 잘하는 사람 아닌가?

당신이 하고 싶은 말을 챗GPT를 통해 영어로 바꾸자. 그리고

Vrew에서 음성 파일까지 만들자(90쪽 참조). 그것을 틈날 때마다 듣고 따라 하자. 일일이 문법, 표현의 정확성을 따져가며 한국어를 영어로 바꾸는 지난한 과정을 거치지 않게 될 것이다.

챗GPT와
일대일 대화하기

영어 회화 학원 정말 싸도 한 달에 20~30만 원, 좀 괜찮은 곳은 40~50만 원 한다. 그래도 사람들은 영어로 대화하기 위해 다닌다. 자신의 영어 취약점을 파악하기 위해서, 오류가 있는지 없는지 전문가의 피드백을 받기 위해서.

그런데 실상은 원어민 1명에 학생 5명, 10명 되다 보니 수업 시간에 대화할 기회가 별로 없다. 자신과 같이 영어에 서툰 학생과 서로 무엇이 틀렸는지도 모른 채 대화를 한다.

전화 영어, 화상 영어는 하루 10분 하는 데 월 최저 10~15만 원, 20분 하면 20~30만 원이다. 하루 인사하고, 무슨 말을 할까 어떻게 말할까 고민하다 보면 어느새 끝마칠 시간이 다가온다. 통화가 종료되고 나서야 그날 하고 싶은 말, 궁금한 내용이 생각난다. 돈을 쓰는데도 스스로 만족할 만한 공부를 하지 못한다.

그런데 이제 그렇게 들이던 학원비 아낄 수 있다. 영어 잘하는 상대와 영어 일대일 대화 마음껏 할 수 있다. 원하는 만큼 꼼꼼하게 피드백도 받을 수 있다. 이제 그 방법을 하나하나 알려주겠다.

STEP1. Talk to ChatGPT를 Chrome에 추가한다.
STEP2. 챗GPT에 들어가서 Talk to ChatGPT 아이콘을 눌러 실행시킨다.

Talk to ChatGPT를 설치해 챗GPT에 스피킹 기능을 추가한

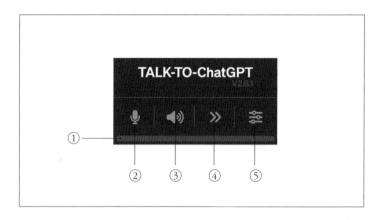

다. Talk to ChatGPT를 실행시키면 창이 뜨면서 'START' 버튼이 나타날 것이다. 버튼을 클릭하면 사진처럼 모양이 바뀐다.

아래 ①음성막대는 챗GPT가 말하면 초록색으로, 당신이 말하면 빨간색으로 바뀐다. ②마이크 아이콘을 클릭하면 음성을 발신하거나 발신 중지할 수 있다. ③스피커 아이콘은 챗GPT 음성을 수신하거나 수신 중지할 수 있다. ④겹화살표 아이콘을 클릭하면 챗GPT 말을 중단시킬 수 있다.

⑤줄 아이콘을 클릭하면 Talk to ChatGPT를 사용하기 편하게 언어 종류, 말하는 속도, 명령어 입력과 관련된 부분들을 설정할 수 있다. 설정에서 랭귀지를 한국어로 선택하면 간혹 한국식 영어 발음이 나올 수 있으니 반드시 영어로 설정하자. 'automatic send'는 체크 해제한다. 체크해두면 말을 잠깐만 멈춰도 끝났다고 인식해 메시지가 자동으로 날아가고 챗GPT가 응답한다. 그래서 'automatic send'는 해제하고 수동으로 엔터를 눌러 메시지를 보내는 편이 훨씬 자연스러운 대화를 할 수 있다. 'send message now'는 'save'로 설정한다.

Talk to ChatGPT 프로그램 설치, 작동법을 익혔다면 마지막으로 마이크 연결 상태를 점검해야 한다. 마이크, 스피커 사용에 문제가 없다면 본격적으로 챗GPT와 대화를 시작하자.

STEP1. 챗GPT에게 당신의 회화를 피드백받고 싶다면 미리 요청을 한다.

ⓟ As my English teacher, can you please provide me with a grammatical correction or revision of my sentences before answering?

⇨ ⓟ Please follow the format below:

⇨ ⓟ [grammatical correction or revision]

　ⓟ (If there is no error, please say "there's no error.")

　ⓟ - [your answer]. Let's continue this format throughout our conversation.

STEP2. 챗GPT와 대화를 시작한다.

ⓟ Let's talk about 주제.

ⓟ Let's have a conversation about 주제.

ⓟ I wanna talk about 주제.

ⓟ I want to practice a conversation for 주제.

STEP3. 챗GPT 이야기가 너무 길 경우, 간결하게 말해달라고 요청한다.

ⓟ Say each sentence and wait for my answer.

처음에는 일대일 대화가 어려울 수 있다. 그래도 여기서 설명하는 프롬프트를 차례대로 실행해 챗GPT와 대화하자. 처음의 낯설고 불편한 느낌이 줄어들고 점차 챗GPT와 티키타카를 형성하며 대화할 수 있다.

특정 상황을 설정해서 대화하고 싶다면 처음부터 '주제(Topic)'가 아닌 '상황(Situation)'으로 접근해도 된다. 예를 들어, 지금 당장 영어 면접, 인터뷰가 예정되어 있어 연습이 필요한 사람은 'Job interview' 상황을 요청하면 된다.

Ⓟ I want to practice a conversation for job interview.

예시 대화문이 필요할 때는,

Ⓟ Can you give me an example dialogue on job interview.

챗GPT에게 대화문을 만들어달라고 요청한다. 대화문을 가지고 챗GPT와 상황 연습을 하면 된다.

영어가 익숙하지 않은 상태에서 실제 대화를 하면 실수를 하기 마련이다. 그런데 영어를 배우는 데 있어 실수를 안 하는 유일한 방법은 침묵밖에 없다. 계속되는 실수로 쪽팔리고 두렵더라도 영어로 대화하는 경험을 쌓아야 한다.

다행히 챗GPT는 당신의 요청에 정색하는 일, 무안을 주는 일이 없다. 심지어 당신이 톤앤매너, 즉 말투를 조정해달라고 하면 그것 역시 해준다.

Ⓟ Talk to me like I'm your best friend.

챗GPT 말투가 너무 딱딱하다면 친한 친구처럼 이야기해달라고 요청하자. 처음 만난 사람, 비즈니스 파트너, 면접관 등 당신이 원하는 상대가 되어 대화를 이어나갈 것이다.

영어 회화는 매우 구조적인 훈련이다. 도달하고자 하는 정확한 수준을 정하고 훈련 과정을 프로세스화해 적절한 양의 훈련을 투입(인풋)하면 아웃풋은 계획한 만큼 나타난다. 영어 회화 목표는 최소한 20분으로 잡아보기를 권한다. 챗GPT와 20분 이상 영어로 막힘없이 대화할 수 있는 실력. 그 정도만 영어로 말할 줄 알아도 당신의 인생이 바뀔 것이다.

원활한 소통을
이끄는 주제 100

Your favorite book

Your favorite movie

Your favorite TV show

Your favorite music genre

Your favorite musician

Your favorite sports team

Your favorite food

Your favorite restaurant

Your favorite holiday

Your dream vacation

Your hometown

Your family

Your pets

Your hobbies

Your job

Your school

Your favorite subject in school

Your least favorite subject in school

Your favorite teacher

Your least favorite teacher

Your best friend

Your favorite celebrity

Your favorite video game

Your favorite social media platform

Your favorite app

Your favorite website

Your favorite store

Your favorite brand

Your favorite clothing item

Your favorite accessory

Your favorite color

Your favorite season

Your favorite weather

Your favorite activity to do on a rainy day

Your favorite activity to do on a sunny day

Your favorite time of day

Your favorite type of exercise

Your favorite way to relax

Your favorite way to spend time with friends

Your favorite way to spend time alone

Your favorite memory

Your biggest accomplishment

Your biggest challenge

Your biggest fear

Your biggest dream

Your ideal partner

Your ideal job

Your ideal home

Your ideal car

Your favorite type of transportation

Your favorite type of music to listen to while driving

Your favorite road trip destination

Your favorite city to visit

Your favorite type of accommodation while traveling

Your favorite souvenir to buy when traveling

Your favorite way to learn a new language

Your favorite type of exercise to do outdoors

Your favorite outdoor activity

Your favorite indoor activity

Your favorite way to learn new things

Your favorite type of book to read

Your favorite type of movie to watch

Your favorite type of TV show to watch

Your favorite type of food to cook

Your favorite type of cuisine to eat

Your favorite way to celebrate a special occasion

Your favorite type of gift to receive

Your favorite type of gift to give

Your favorite type of volunteer work

Your favorite type of charity to support

Your favorite type of animal

Your favorite type of plant

Your favorite type of weather for gardening

Your favorite type of museum

Your favorite type of art

Your favorite type of theater performance

Your favorite type of concert

Your favorite type of festival

Your favorite type of amusement park ride

Your favorite type of science experiment

Your favorite type of historical event to learn about

Your favorite type of natural disaster to study

Your favorite type of conspiracy theory

Your favorite type of conspiracy theory to debunk

Your favorite type of DIY project

Your favorite type of craft

Your favorite type of game

Your favorite type of board game

Your favorite type of card game

Your favorite type of puzzle

Your favorite type of online game

Your favorite type of party game

Your favorite type of sport to watch

Your favorite type of sport to play

Your favorite social issue to learn about

Your favorite type of documentary

Your favorite way to de-stress

Your favorite way to improve your English skills

Your favorite type of technology

Your favorite way to spend your free time

주제 키워드 100개를 다운로드하려면

챗GPT 영어 혁명

대화의 밀도를 높이는
상황 100

Introducing yourself

Talking about your hobbies

Discussing your job

Describing your family

Talking about your pets

Ordering food in a restaurant

Making small talk with a stranger

Asking for directions

Talking about your favorite book

Discussing your favorite movie

Talking about your favorite TV show

Discussing your favorite music

Talking about your favorite travel destination

Talking about your favorite sports team

Talking about your favorite celebrity

Describing your hometown

Talking about your daily routine

Discussing your weekend plans

Talking about your vacation plans

Describing your dream job

Discussing your first dream

Talking about your education

Discussing your career goals

Talking about your strengths

Talking about your weaknesses

Describing your personality

Talking about your favorite holiday

Discussing your favorite restaurant

Talking about your favorite type of food

Talking about your favorite type of cuisine

Talking about your favorite beverage

Talking about your favorite dessert

Describing your favorite type of weather

Talking about your favorite season

Talking about your favorite holiday destination

Talking about your favorite mode of transportation

Talking about your favorite type of exercise

Discussing your health and fitness routine

Talking about your favorite outdoor activity

Describing your favorite indoor activity

Talking about your favorite form of entertainment

Discussing your favorite social media platform

Talking about your favorite type of smartphone

Describing your favorite video game

Talking about your favorite computer program

Discussing your favorite type of book

Talking about your favorite magazine

Describing your favorite TV channel

Talking about your favorite YouTube channel

Discussing your favorite social issue

Talking about your favorite charity

Discussing your favorite historical event

Talking about your favorite type of art

Describing your favorite museum

Talking about your favorite type of architecture

Talking about your favorite type of vehicle

Describing your favorite form of public transportation

Talking about your favorite political issue

Discussing your favorite type of technology

Talking about your favorite type of fashion

Talking about your favorite type of jewelry

Describing your favorite type of footwear

Talking about your favorite type of bag

Talking about your favorite type of hat

Discussing your favorite type of accessory

Talking about your favorite type of makeup

Describing your favorite type of skincare product

Talking about your favorite type of hair product

Discussing your favorite type of perfume

Talking about your favorite type of flower

Describing your favorite type of plant

Talking about your favorite type of fruit

Discussing your favorite type of vegetable

Talking about your favorite type of meat

Describing your favorite type of seafood

Talking about your favorite type of cheese

Discussing your favorite type of bread

Talking about your favorite type of pasta

Talking about your favorite type of rice

Describing your favorite type of soup

Talking about your favorite type of salad

Discussing your favorite type of sauce

Talking about your favorite type of spice

Describing your favorite type of herb

Talking about your favorite type of beverage

Discussing your favorite type of wine

Talking about your favorite type of beer

Describing your favorite type of cocktail

Talking about your favorite type of non-alcoholic drink

Discussing your favorite type of coffee

Talking about your favorite type of tea

Describing your favorite type of pastry

Talking about your favorite type of cake

Discussing your favorite type of candy

Talking about your favorite type of snack

Describing your favorite type of breakfast food

Talking about your favorite type of brunch food

Discussing your favorite type of lunch food

Talking about your favorite type of dinner food

Describing your favorite type of dessert.

상황 키워드 100개를 다운로드하려면

챗GPT 영어 혁명

오프라인에서 랭귀지 파트너 찾는 법

O2O(Online to Offline). 온라인에서 챗GPT와 충분히 영어로 대화했다면 현실 세계로 귀환해야 한다. 이번 시간에는 오프라인에서 영어로 대화할 수 있는 원어민 친구 사귀는 방법을 소개하겠다.

흔히 영어를 공부하는 사람들이 외국인 친구를 만나면 이렇게 이야기한다. "나 영어 배우는 거 도와줘." "Please help me. I wanna learn English." 먼저 이 생각부터 바꿔야 한다.

외국인 친구가 당신에게 한국어를 가르쳐달라고 하면 당신은 무엇을 어떻게 알려줄 것인가? 당신은 한국어를 모국어로 습득했기 때문에 외국인을 대상으로 한국어를 가르치는 데 서투르다. 외국인 친구도 마찬가지다. 영어 가르치는 법을 배우지 않은 이상 무엇을 어떻게 가르쳐야 할지 모른다. 그래서 외국인 친구와 영어로 대화하면서 제대로 실력을 키우고 싶다면 "나를 도와줘"보다 "서로 도와주자"라고 하는 게 좋다. 서로 도움을 주고받을 수 있어야 주기적으로, 양질의 시간을 보낼 수 있다.

내가 수강생들에게 이렇게 말하면 다들 "한국어를 어떻게 가르쳐요?"라고 물어본다. 다행히 책이 있다.《Korean Grammar in Use》. 이 책을 가지고 외국인 친구에게 한국어를 알려주면 된다. 누구나 한국어를 가르칠 수 있도록 잘 정리되어 있다.

단, 가르칠 때는 반드시 영어로 해야 한다. 그 시간도 당신을 위한 시간이다. 한국어를 영어로 가르치는 동안 당신의 영어 실력이 향상된다. 그다음 영어로 대화하면서 영어 실력이 또 한 번 향상된다.

한국어를 가르칠 때 영어로 어떻게 말해야 할지 모르는 사람은 챗GPT에게 요청하자. 그 영어를 가지고 실전에서 외국인 친구에게 말하면 된다. 그것 역시 훈련이다.

자, 이제 가장 중요한 게 남았다. 외국인 친구는 어디에서 찾을 수 있을까?

conversation exchange

첫 번째 추천 사이트는 'conversation exchange'다. 이곳에서 랭귀지 파트너를 검색할 수 있다. 회원 가입, 로그인한 다음 'search'에서 'Describe your language partner'를 작성한다.

작성한 다음 하단에 'search'를 클릭하면 당신이 설정한 조건에 맞는 랭귀지 파트너를 검색해 알려준다. 그중 마음에 드는 사람들에게 메시지를 보내면 된다. 메시지를 어떻게 써야 할지 모르겠다면 이것 역시 챗GPT의 도움을 받아서 쓸 수 있다.

참고로 랭귀지 파트너 프로필을 보면 최근 로그인한 날짜(last login)를 확인할 수 있다. 이 정보를 기준으로 그 사람의 사이트 이용 여부를 알 수 있다. 곧바로 오프라인에서 만나지 않기를 조언한다. 처음에는 줌 미팅, 영상 통화로 상대를 충분히 살펴본 다음 괜찮다는 판단이 들 때 직접 만나는 게 좋다. 당신이 영어로 대화할 수 있는 좋은 랭귀지 파트너를 찾기 바란다.

MEETUP

두 번째는 MEETUP이다. 말 그대로 모임을 찾는 사이트다. 동일한 관심사를 가진 사람들이 모임, 세미나를 통해 교류한다. 그래서 회원 가입, 로그인한 다음 관심 주제를 설정해야 한다. 당신의 관심 주제 'Language exchange'를 설정하면 여러 모임이 검색될 것이다.

이곳에서 내가 개인적으로 추천하고 싶은 모임은 'Korea International Volunteers'다. 외국 사람들과 한국 사람들이 모여서 함께 자원봉사를 하는 모임으로, 자연스럽게 친분을 쌓고 언어를 교환할 수 있다. 이 외에도 Language exchange 관련해 다양한 모임이 있다.

챗GPT와 영어 회화 훈련을 충분히 했으니 이제 영어로 사는 삶을 시작할 때다. 이제 당신에게 필요한 것은 용기와 적극성이다. MEETUP에서 관심 가는 모임을 찾으면 과감히 참가 버튼을 눌러보자.

공부, 노력 없이 영어를 잘하는 사람들의 비밀

챗GPT 인생 빨간펜

영어가 완전해지는 20%의 시간

언제나 새로운 영어 학습법은 하루가 멀다 하고 쏟아져 나온다. 그동안 영어 교육과 관련하여 수없이 많은 방법이 나왔지만 당신의 영어 실력은 그다지 나아지지 않았다. 그럼에도 여전히 새로운 학습법에 눈을 돌리는 이유는 무엇일까? 좋은 교재나 선생님을 만나면 영어 실력이 나아질 거라는, 영어를 잘하게 될 거라는 믿음이 있기 때문이다.

요즘 사람들이 한 번쯤 시도해보는 공부법은 인터넷 동영상 강좌로 영어를 배우는 것이다. 어디서든 초고속 인터넷을 사용할 수 있고 누구나 스마트폰, 태블릿PC 같은 IT기기를 소유한 시대에 동영상 강좌는 매력적인 학습 수단으로 여겨진다. 저렴한 가격에 수십 개 강좌와 교재를 패키지로 만들어 가성비까지 좋아 보이니 말이다.

하지만 반드시 깨달아야 할 게 있다. 동영상 강좌는 영어로 소통하는 방법이 아니라 지식만 전달할 뿐이라는 것을. 사실 영어 학습에 필요한 인풋 중 관련 지식은 고작 10% 미만을 차지한다. 나머지 90%는 입과 귀로 영어를 익히는 행위로 채워져야 한다.

그런데 동영상 강좌는 태생적으로 학습자가 배운 것을 실제로 말할 수 있는지, 또 학습은 제대로 하고 있는지 점검하고 피드백해주지 못한다는 한계를 갖고 있다. 학습자의 현재 영어 수준을 진단해주지도 못한다.

따라서 실제로 영어를 사용해 소통하고 싶다면 온라인 동영상 강좌가 아니라 한마디라도 입으로 내뱉는 경험을 쌓아야 한다. 그리고 이왕이면 그에 대한 피드백을 즉각적으로 받을 수 있는 수업을 수강하는 게 좋다. 이 책을 처음부터 끝까지 읽은 당신이라면 이미 알 것이다.

당신은 이 책에서 그동안 당신의 영어 공부를 실패로 만든 pain point를 직시하고 바로잡았다. 새로운 마인드셋을 갖추고 당신의 현재 영어 수준을 진단했다.

그리고 챗GPT와 함께 이해 가능한 수준의 영어 기초 지식을 체화하고, 입으로 따라 하며 듣는 리스닝 기법을 배웠다. 혼잣말 연습, 일대일 영어 회화까지 훈련했다. 이만큼만으로 머릿속, 입안에서만 맴돌던 영어가 입 밖으로 나오고 영어로 말하는 삶이 시작된다. 이것이 바로 앞에서 언급한 영어 파레토 법칙의 80% 결과다.

하지만 나는 당신에게 하나를 더 알려주려고 한다. 잘못된 부분을 교정하고 안 되는 부분을 보강하는 훈련을 말이다. 이미 형성된 영어의 선순환에 이 단계가 더해지면 실력 향상이라는 효과를 확실히 얻을 수 있다.

세상에서 가장 꼼꼼한 영작문 피드백

영어에서 피드백은 필수적이다. 즉각적인 피드백이 없는 맹목적인 영어 학습은 실력이 도대체 언제 느는지 알 수 없어 결국 포기라는 수순을 밟게 된다.

그래서 학원에 다니면서 선생님들에게 피드백을 받는다. 선생님이 피드백해주면 그 내용을 하나씩 외우고 공부한다. 하지만 돈을 내고 다니는 학원이어도 심리적, 물리적 한계로 원하는 만큼 피드백을 받을 수는 없다. 선생님의 피드백이 이해되지 않아도 자세히 물어보지 못할 때가 많다.

그런데 앞으로는 챗GPT에게 당신의 영어를 언제든지 얼마든지 피드백받을 수 있다. 영작문을 할 때마다 당신의 자신감을

갉아먹던 문법 오류, 문맥에 적절한 표현 구사 여부 등을 챗GPT를 통해 완전히 해결할 수 있다. 리포트, 보고서, 자기소개서 무엇이든 영어로 마음껏 쓸 수 있는 시대가 열린 것이다. 지금부터 그 방법을 설명하겠다.

먼저 영작에 문법적 오류가 있는지 확인하는 방법이다.

STEP1. New chat에 프롬프트를 입력한다.

ⓟ Could you check if the following is grammatically correct?: 작문

STEP2. 챗GPT가 교정해주면 문장 단위로 끊어서 설명해달라고 요청한다.

ⓟ Please tell me which sentences are corrected.

이 방법대로 챗GPT에게 교정을 요청해보겠다.

> Could you check if the following is grammatically correct?: I was born at 1979 in Kwang-ju, sixth-largest city in Korean. It takes about 2 hours from Seoul to Kwangju train. There are six people in my family, including me.

Here is the corrected version of your text:

"I was born in 1979 in Kwangju, the sixth-largest city in Korea. It takes about 2 hours by train from Seoul to Kwangju. There are six people in my family, including me.

 Please tell me which sentences are corrected.

1. "I was born in 1979 in Kwangju, the sixth-largest city in Korea."
2. "It takes about 2 hours by train from Seoul to Kwangju."
3. "There are six people in my family, including me."

연도 앞에는 'at'이 아니라 'in'을 써야 하고, 'sixth-largest'가 아니라 관사 'the'를 붙여 'the sixth-largest'라고 해야 한다고 교정해준다. 이처럼 챗GPT가 문장 전체를 교정해줄 것이다.

만약 한 문장씩 끊어서 보고 싶다면 STEP2까지 요청하면 된다. 문법 교정과 함께 교정한 부분에 대한 자세한 설명이 필요하면 다음과 같이 요청하자.

Ⓟ Can you please explain why those should be corrected like that to me?

Ⓟ Could you review the following text and provide feedback on any errors you identify?

사람은 누구나 반복적으로 틀리는 문법 약점이 있다. 당신에게도 있고, 당신은 그 부분을 개선하고 싶을 것이다. 그럴 때는 챗GPT에게 물어보면 된다. 당신이 쓴 작문에 문법적 오류를 교정하고 피드백해달라고 프롬프트를 입력하면 된다. 한번 해보자.

예로 다음 문장을 영작한 다음 챗GPT에게 교정을 요청했다. "나는 1979년 한국에서 6번째로 큰 도시인 광주에서 태어났다. 서울에서 광주까지는 기차로 2시간 정도 걸린다. 내 가족은 나를 포함해 6명이다."

Can you please explain why those should be corrected like that to me?: I was born at 1979 in Kwang-ju, sixth-largest city in Korean. It takes about 2 hours from Seoul to Kwangju train. There are six people in my family, including me.

Certainly! Here's an explanation for the corrections:

1. "I was born at 1979 in Kwang-ju, sixth-largest city in Korean."
- "at" is replaced with "in" to indicate the place of birth. Additionally, "Korean" should be corrected to "Korea" to refer to the country.

Correction: "I was born in 1979 in Kwang-ju, the sixth-largest city in Korea."

2. "It takes about 2 hours from Seoul to Kwangju train."
- " Kwangju train" should be rephrased to "Kwangju by train" to clarify the mode of transportation.

Correction: "It takes about 2 hours from Seoul to

Kwangju by train."

3. "There are six people in my family, including me."
- The sentence is grammatically correct as it is.

챗GPT의 자세한 설명이 보이는가? 챗GPT가 'Korean'을 'Korea'로 고치고 'Korean'은 한국어, 한국인이라는 뜻이며(the language or people of korea 'korean') 'Korea'는 '나라'를 의미한다고('korea' refers to the country itself) 설명해준다.

만약 챗GPT 설명이 어렵게 느껴진다면 어떻게 해야 하는지 알 것이다. 당신의 영어 수준에 맞춰 레벨을 낮춰달라고 요청하자(89~90쪽 참조). 설명을 한국어로 해석해달라고 요청해도 좋다.

챗GPT가 교정해준 부분은 대화문으로 만들어서 듣고 따라하는 에코잉 훈련까지 하는 게 좋다. 챗GPT에게 에코잉에 활용할 대화문을 만들어달라고 요청하자.

(P) Can you give me examples of conversations between two people in order to improve my grammar skills?

이것을 Vrew에서 음원으로 만들자(90쪽 참조). 대화문 역시 당신이 원하는 만큼 문장 분량을 늘이거나 줄일 수 있고, 난도를 낮추거나 높일 수 있다.

챗GPT에게 첫 피드백을 받는 순간, 당신은 이렇게 생각할 것이다. '그동안 내가 영어를 잘못 배웠구나. 돈을 낭비했구나.' 당신이 지금까지 받았던 영어 수업을 돌아보자. 강사가 설명하면 당신은 받아 적기만 했다. 즉각적인 피드백이 이루어지지 않았다. 영어 선생님이나 교정 프로그램을 통해 틀린 부분을 단순 교정받을 수는 있다. 하지만 왜 틀렸는지 당신이 이해할 때까지 설명해주는 선생님, 교정기는 어디에도 없었다.

그런데 이제 챗GPT로 당신의 영작을 완벽하게 피드백받을 수 있다. 값비싼 일대일 PT를 받듯 0원으로 영어 PT를 받게 된 것이다. 문법적으로 틀린 곳은 없는지, 더 자연스럽고 고급스러운 표현은 없는지, 틀린 부분은 왜 틀렸는지에 대해 당신이 이해될 때까지 충분히 물어볼 수 있다.

앞으로는 영작이 재미있어질 것이다. 어떤 글이든 당신이 쓰고 싶은 대로 쓰는 자유, 어릴 적 언어를 배울 때 부모님에게 받았던 친절한 피드백을 챗GPT로 다시 경험하게 될 것이다.

1분 만에 작성하는
비즈니스 이메일

당신이 쓴 작문을 챗GPT에게 확인해달라고 할 수도 있지만 직접 영작을 해달라고 요청할 수도 있다.

이 방법을 왜 마지막에 소개할까? 이것은 당신의 영어 실력 향상이 아닌 눈앞에 닥친 필요나 상황을 해결하기 위한 방법에 불과하기 때문이다. 사람의 마음은 간사하다. 챗GPT로 영어 훈련해서 영어로 사는 삶을 이루고 싶지만 편한 길을 빠르게 가고 싶은 마음도 있다.

권장하지는 않는다. 하지만 이것 역시 당신이 필요로 하는 부분이기에, 이번 시간에는 챗GPT로 비즈니스 이메일 작성하는 법을 설명하겠다. 프롬프트는 아주 간단하다.

Ⓟ Please write an email for <u>필요한 내용</u>.

예로, 챗GPT에게 사내 직원, 거래처에 보낼 퇴사 안내 메일 작성을 요청해보겠다.

Please write an email for Notifying people that you are leaving the company.

Subject: Farewell and Moving On - A New Chapter Begins

Dear [Recipient's Name],

I hope this email finds you well. I am writing to inform you that my journey with [Company Name] is coming to an end, and it is with mixed emotions that I announce my departure. After much contemplation and consideration, I have decided to pursue a new opportunity that aligns with my long-term goals and personal aspirations.

I want to take this opportunity to express my

deepest gratitude for the support, collaboration, and friendship I have experienced during my time at [Company Name]. It has been an incredible journey, and I am truly fortunate to have worked alongside such talented and inspiring individuals like yourself.

(…)

Warmest regards,

[Your Name]

메일을 쭉 써주는 걸 볼 수 있다. 당신의 이름을 넣어야 하는 부분까지 알려준다. 이것을 복사하거나 응용해서 사용하면 된다. 업무 메일에 필요한 키워드 30가지를 알려줄 테니 잘 활용하기 바란다.

이 책이 당신의 처음이자 마지막 인생 영어 책이 되기를 바라는 마음으로 모든 것을 적었다. 정말 유용하게 사용하기 바란다.

소개(Introductions)

- 새로운 동료에게 자기소개하기: Introducing yourself to your new colleagues
- 새로운 고객, 공급업체에 자기소개하기: Introducing yourself to new customer, supplier, etc
- 새로운 동료에게 이메일 보내기: Welcome email to a new colleague
- 자기소개서, 이력서 작성하기: Applying for a job – sending a cover letter and resume
- 인사 이동 알리기: Informing someone of a change of personnel
- 제품 또는 서비스 소개 메일 작성하기: Sales email introducing your product or service to a new person

요청(Making Requests)

- 업무 요청하기: Asking for something
- 영수증, 인보이스 등 서류 요청하기: Asking for a document such as a receipt or invoice
- 주문하기: Placing an order

- 주문 취소하기: Cancellation of an order
- 가격 협상하기: Asking for a discount
- 진행 사항 업데이트받기: Asking for a progress update
- 업무 재촉하기: Asking someone to finish something you are waiting for
- 중간에 업무 변경 요청하기: Asking someone to change a task in the middle
- 일정 늦추기: Asking to delay a schedule
- 일정 앞당기기: Asking to expedite (bring forward) a schedule
- 정중하게 요청 거부하기: Rejecting a request politely

정보 제공(Providing Information)

- 청구서 보내기: Sending an invoice for payment
- 가격 인상 알리기: Informing someone of a price increase
- 확정 이메일 보내기: Confirmation that something was received with no problems
- 제품 또는 서비스 출시 알리기: Product or service launch – informing customers

문제 발생 시(When Things Go Wrong)

- 오류 또는 불만족스러운 작업 수정 요청하기: Asking for changes due to errors or unsatisfactory work

- 만족스럽지 못한 작업에 불만 제기하기: Complaining about unsatisfactory work

- 무례한 태도에 대해 불평하기: Complaining about someone's rudeness or attitude

- 받은 주문 오류 알리기: Saying something was wrong with an order that's been received

- 제품 또는 서비스 문제 사과하기: Customer support – apologizing for a problem with a product or service

- 제품 배송 지연 사과하기: Customer support – apologizing for a delay in receiving an item

작업 마무리(Finishing Up)

- 서비스 이용에 감사 표현하기: Thank you for using our company

- 퇴사 알리기: Notifying people that you are leaving the company

- 제품 또는 서비스 사용에 대한 피드백 요청하기: Customer support – asking for feedback about a product or service

특별 부록

모르면 손해 보는 챗GPT 영어 프롬프트 154

다음은 당신의 영어 공부에 필요한 프롬프트(ⓟ)를 정리한 것이다. 정말 필요한 '핵심 명령어'를 선별한 다음 챗GPT 능력을 최대로 이끌어낼 수 있게 '영어'로 만들었다. 프롬프트에 표시된 밑줄은 당신이 상황에 따라 적절하게 기입해야 할 부분이다. 예를 들면 밑줄 부분이 레벨에 해당한다면 당신의 레벨을, 자료라면 당신이 쓸 자료 내용을, 개수라면 당신이 원하는 만큼의 수량을 적으면 된다. 지금부터 이 프롬프트로 챗GPT와 무조건 성공하는 영어 훈련을 시작하자.

패러프레이징(바꿔 쓰기) 요청하기

영어 자료를 원하는 수준으로 패러프레이징할 때	
CEFR A1 학습자를 위해 풀어 써줄 수 있어? ⓟ Can you paraphrase the following script for CEFR A1 students?: 자료	1
CEFR A2 레벨로 다시 써줘. ⓟ Rewrite it in CEFR A2 level.	2
패러프레이징해줘. ⓟ Paraphrase this: 자료	3
패러프레이징한 자료 분량이 짧을 때	
CEFR B1 레벨로 좀 더 길게 써줘. ⓟ Rewrite it in CEFR B1 level in more detail.	4
좀 더 길게 말해줘. ⓟ Tell me more in detail.	5
다양한 버전으로 패러프레이징할 때	
다양한 버전으로 패러프레이징해줘. ⓟ More paraphrase versions: 자료	6
패러프레이징 난도를 조정할 때 (초급 beginner / 중급 intermediate / 고급 advanced)	
좀 더 쉽게 만들어줄 수 있어? 난 초보자야. ⓟ Could you make it easier? I am a beginner.	7
좀 더 어렵게 만들어줄 수 있어? ⓟ Could you make it harder?	8

챗GPT 영어 혁명

패러프레이징 자료에서 불필요한 내용을 삭제할 때	
화자를 빼고 만들어줘. ⓟ Please make it without telling the speaker.	9
타임라인을 빼고 만들어줘. ⓟ Please make it without the timeline.	10

요약 요청하기

기사를 간략하게 요약해줄 수 있어? ⓟ Could you give me a brief summary of the article? ⓟ Would you be able to condense the article into a 　short summary?	11~12
기사 개요를 제공해줄 수 있어? ⓟ Can you provide me with a synopsis of the article?	13
기사를 간략하게 설명해줄 수 있어? ⓟ Could you give me a nutshell version of the article?	14
기사 요점을 설명해줄 수 있어? ⓟ Can you briefly outline the key points of the article?	15

20-80 어휘 요청하기

일상 회화에서 80% 쓸 수 있는 상위 20% 단어를 알려줘. ⓟ Identify the top 20% words of everyday conversations in English that will yield 80% of the desired results.	16

20-80 문법 요청하기

일상 회화의 문법 구조 50개를 알려줘. ⓟ Please give me top 50 english grammer structures of everyday conversations in English.	17

기억력을 높이는 스토리텔링 요청하기

내용을 잘 기억하고 이해할 수 있게 주요 개념이나 교훈을 포함한 매력적인 이야기로 바꿔줘. ⓟ Transform key concepts or lessons from '내용' into engaging stories or narratives to help me better remember and understand the material.	18

메타인지 200% 향상시키기

이해력 테스트, 장기 기억력 개선을 위해 주제 또는 기술을 반영한 어려운 질문이나 문제를 만들어줘. ⓟ Provide me with a series of challenging questions or problems related to 'topic or skill' to test my understanding and improve long-term retention.	19

어휘 요청하기

사용 빈도 순으로 어휘 리스트업할 때

사용 빈도에 따라 어휘를 나열해줘. ⓟ Rank them by how frequently they are used. ⓟ Arrange them according to how often they are used. ⓟ Sort them by frequency of usage. ⓟ Prioritize them based on how frequently they are used. ⓟ Organize them in order of how often they are used.	20~24

형식에 따라 어휘 리스트업할 때

형식에 따라 어휘를 나열해줘. ⓟ Arrange them in order of level of formality. ⓟ Rank them according to how formal they are. ⓟ Organize them by degree of formality. ⓟ Prioritize them based on their level of formality. ⓟ Sort them by their degree of formality.	25~29

주제별 어휘 요청할 때

주제와 관련된 단어나 구를 만들어줄 수 있어? ⓟ Can you provide a compilation of words or phrases that are associated with '주제'? ⓟ Would you be able to create a catalogue of related words or phrases for '주제'? ⓟ Can you put together a group of words or phrases that are connected to '주제'?	30~32

의미 물어보기

헷갈리는 뉘앙스 물어보기

어떤 점에서 달라? ⓟ In what ways does it differ from '말 또는 글'?	41
다른 점이 뭐야? ⓟ What sets it apart from '말 또는 글'?	42
어떻게 비교해? ⓟ How does it contrast with '말 또는 글'?	43
둘의 차이점을 설명해줄 수 있어? ⓟ Can you explain the distinctions between '말 또는 글A' and '말 또는 글B'?	44
둘의 차이점을 대략적으로 설명해줄 수 있어? ⓟ Would you be able to outline the dissimilarities '말 또는 글A' and '말 또는 글B'?	45

문법 피드백 요청하기

문법 교정이 필요할 때	
문법 수정해줘. ⓟ Correct the grammar: 내용	46
문법을 수정해줄 수 있어? ⓟ Could you edit the grammar?: 내용 ⓟ Would you be able to correct the grammar?: 내용 ⓟ Could you make the grammar corrections?: 내용	47~49

문법 설명이 필요할 때

챗GPT 영어 혁명

문법 구조를 분석해줄 수 있어? ⓟ Could you analyze the grammatical structure of the <u>sentence/phrase</u>? ⓟ Would you be able to provide a breakdown of the sentence's grammatical structure?	62~63
문장의 문법 구조에 대한 개요를 제공해줄 수 있어? ⓟ Can you provide an overview of the sentence's grammatical construction?	64

교정한 부분 확인할 때

어떤 문장을 수정했는지 알려줘. ⓟ Please tell me which sentances are corrected.	65

교정한 부분에 대한 설명을 듣고 싶을 때

고친 이유를 설명해줄 수 있어? ⓟ Can you please explain why those should be corrected like that to me?	66

교정과 설명을 같이 요청할 때

내용을 검토하고 오류가 있으면 피드백해줄 수 있어? ⓟ Could you review the following text and provide feedback on any errors you identify?: 내용	67

설명 요청하기

영어 설명이 이해가 되지 않아 한국어로 설명을 요청할 때	
이 설명을 한국어로 해석해줄래? ⓟ Can you translate it into Korean?	80
무슨 말인지 모르겠어. 초보자가 이해할 수 있게 설명해줘. ⓟ I don't understand it. Can you please give me an explanation for beginner students?	81

예문 요청하기

특정 단어/구로 예문을 만들고 싶을 때	
단어/구를 사용한 문장 10개 만들어줄 수 있어? ⓟ Can you provide me with 10 sentences that use the word/phrase?	82
단어/구가 포함된 예문 10개를 줄 수 있어? ⓟ Could you give me 10 example sentences that incorporate the word/phrase?	83
문장에 사용된 단어/구의 예문을 10개 보여줄 수 있어? ⓟ Would you be able to show me 10 instances of the word/phrase used in a sentence?	84
문맥에서 단어/구를 설명하는 예문 10개를 만들어줄 수 있어? ⓟ Could you provide me with 10 sample sentences that demonstrate the word/phrase in context?	85

| 초보자를 위한 설명과 예문을 줄 수 있어?
ⓟ Could you give me a beginner's explanation with
many example sentances? | 95 |

대화문 요청하기

원하는 수준으로 대화문을 요청할 때

다음 내용으로 CEFR A2 학습자를 위해 대화문을 만들어줄 수 있어? ⓟ Can you make a dialogue using the following for CEFR A2 students?: 내용 ⓟ Could you create a conversation using these phrases for CEFR A2-level students?	96~97
이 표현을 사용해서 CEFR A2 레벨에게 적합한 대화문을 만 들어줄 수 있어? ⓟ Can you make a dialogue incorporating these expressions that is suitable for A2-level language learners? ⓟ Can you craft a conversation that uses these expressions and is geared towards A2-level language learners?	98~99
CEFR A2 학습자에게 적합한 어휘를 사용해 대화문을 만들 어줄 수 있어? ⓟ Would you be able to develop a conversation using these vocabulary words appropriate for CEFR A2 students?	100~101

ⓟ Could you compose a dialogue utilizing these phrases that is appropriate for A2—level language proficiency?

두 사람 사이에 많이 쓰이는 '내용'으로 대화문 5개 만들어줄 수 있어? ⓟ Can you give me 5 examples of conversations where '내용' is used a lot between two people?	102

대화문 분량을 조절하고 싶을 때

두 사람 사이에 많이 쓰이는 '내용'으로 10줄 분량의 대화문을 5개 만들어줄 수 있어? ⓟ Can you give me 5 examples of 10—line conversations where '내용' is used a lot between two people?	103

대화문 분량과 난도를 같이 조정할 때

CEFR A2 학습자를 위해 두 사람 사이에 많이 쓰이는 '내용'으로 10줄 분량의 대화문을 5개 만들어줄 수 있어? ⓟ Can you give me 5 examples of 10—line conversations where '내용' is used a lot between two people for CEFR A2 students?	104

문법 약점을 개선할 대화문을 요청할 때

문법 실력 향상을 위한 대화문을 5개 만들어줄 수 있어? ⓟ Can you give me 5 examples of conversations between two people in order to improve my grammar skills?	105

주제를 선정해 대화할 때

주제에 대해 이야기할 수 있어?	106~111
ⓟ Can we discuss 주제?	
ⓟ Would you like to talk about 주제?	
ⓟ Could we explore 주제?	
ⓟ Can we touch on the subject of 주제?	
ⓟ Would you be interested in chatting about 주제?	
ⓟ Let's talk about 주제?	

대화 주제 키워드를 요청할 때

너와 영어 연습할 주제 100가지를 줄 수 있어?	112
ⓟ Can you give me 100 topics that I can practice my English with you?	

상황을 설정해 대화할 때

이런 상황을 대화로 연습하고 싶어.	113
ⓟ I want to practice a conversation for '상황'.	

대화 상황 키워드를 요청할 때

너와 영어 연습할 인기 있는 100가지 상황을 알려줄 수 있어?	114
ⓟ Can you give me the most popular 100 situations that I can practice my English with you?	

대화를 원활하게 주고받고 싶을 때(티키타카 요청)

말한 다음 내 대답을 기다려줘.	115
ⓟ Say each sentence and wait for my answer.	

대화 상대를 원하는 인물로 설정할 때

'인물'과 대화하고 싶어. 그 인물처럼 행동해줘. ⓟ I'd like to talk to '인물'. I want you to act as if you were '인물'.	116
내 주장이나 의견을 말해줄게. 그 인물처럼 비평해줘. ⓟ I will provide you with an argument or opinion of mine. I want you to criticize it as if you were '인물'.	117

대화에서 문법적으로 교정해야 할 부분 미리 요청할 때

나의 영어 선생님으로서 내 문장을 문법적으로 수정 또는 교정할 부분을 알려줄 수 있어? ⓟ As my English teacher, can you please provide me with a grammatical correction or revision of my sentences before answering? 다음과 같은 형식으로 부탁해. ⓟ Please follow the format below: – 문법적 수정 또는 교정 [grammatical correction or revision] – 오류가 없으면 "오류 없음"이라고 말해주기 (If there is no error, please say "there's no error.") – 대답 [your answer] 대화하는 동안 이 형식을 계속 사용해. ⓟ Let's continue this format throughout our conversation.	118~120

챗GPT 영어 혁명

한국어 작문을 영어로 바꿀 때

영어로 번역해줘. ⓟ Please translate this into English: 내용 ⓟ Please translate the following into English: 내용	133~134

영어로 작문한 내용을 피드백받고 싶을 때

영어로 'A'야? 'B'야? ⓟ Is '한국어 문장' '영어 문장A' or '영어 문장B' in English?	135

비즈니스 이메일 작성할 때

상황에 대한 이메일을 써줘. ⓟ Please write an email for '상황'.	136
이 메일에 회신해줘. ⓟ Respond to this email: 내용	137
메일을 전문가처럼 피드백해줘. ⓟ Act as an email feedback specialist.	138

스피치/프레젠테이션/강연 준비할 때

연설문을 작성해줄 수 있어? ⓟ Can you draft a speech on the topic of '내용'? ⓟ Would you be able to compose a speech that addresses '내용'? ⓟ Could you write a presentation that discusses '내용'? ⓟ Can you prepare a talk that focuses on '내용'? ⓟ Would you be willing to create a speech that covers the subject of '내용'?	139~143

인터뷰 질문에 설득력 있는 답변을 알려줄래? ⓟ Could you provide a strong answer to the following interview question? ⓟ Can you craft a compelling response to the question below? ⓟ Would you be able to give an effective reply to this interview question? ⓟ Could you create a successful response to the following question for a job interview? ⓟ Can you develop a persuasive answer to the interview question provided?	144~148
영어 면접에서 자주 물어보는 질문 30개를 알려줘. ⓟ Could you pick out the top 30 most frequently asked questions in English job interviews? ⓟ Can you provide me with a list of the 30 most commonly asked questions in English job interviews? ⓟ Would you be able to select the top 30 interview questions that are often asked in English? ⓟ Could you compile a list of the 30 most frequently asked questions in job interviews conducted in English? ⓟ Can you curate a list of the most common interview questions in English, comprising of 30 questions? ⓟ Would you be able to identify the 30 questions that are most often asked in English-language job interviews?	149~154

챗GPT 영어 프롬프트를 다운로드하려면

여자는 임신 8개월이었다. 결혼한 지 1년 만에 남편의 사업이 망해버렸다. 배는 점점 불러 만삭이 되었다.

여자는 평소와 똑같이 평범한 하루하루를 보냈다. 남산만 한 몸을 이끌고 돈도 벌고 집안일도 해야 했지만 남편의 사업이 잘될 때와 다름없이 평온해 보였다.

이듬해 아이가 태어났다. 사내아이였다. 남자는 다시 일어나야 했다. 연 매출 10억의 강남 어학원 원장에서 코로나19로 한순간에 3억 원의 빚과 함께 온라인 세상에 남겨졌다. 마이너스 3억에서 다시 시작. 남자는 온라인 사업으로 2년 만에 더 큰 성공을 거두었다.

이것은 아내와 나의 이야기다.

어릴 때는 노력하면 성공할 수 있다고 생각했다. 하지만 지금은 어쩌면 '노력하면 성공할 수도 있는 상황' 혹은 '노력해야만 하는 절체절명의 위기'라는 행운이 찾아왔던 것은 아닐까 생각한다. 지나고 보니 역경은 축복이었다.

내 젊은 시절을 바쳐서 몰두하고 저항했던 사회적 부조리는 대한민국 영어 교육이었다. 이 책을 마지막으로 이제 영어 책은 쓰지 않을 생각이다. 영어에 대해 하고 싶은 이야기는 다했기에. 젊은 시절의 저항 정신, 몸으로 겪은 시행착오, 몇 백 권의 영어 책을 읽으며 내가 깨달은 영어 해결책을 당신에게 전한다. 영어라는 '역경'을 당신 인생의 '축복'으로 바꾸는 밑거름이 되기를.

아내는 오늘도 평온해 보인다.
그녀가 나에게는 행운의 여신이다.

"이 책을 사랑하는 아내 박정은에게 바칩니다."

챗GPT 영어 혁명

1판 1쇄 발행 | 2023년 7월 25일
1판 2쇄 발행 | 2023년 9월 20일

지은이 | 김영익
발행인 | 김태웅
책임편집 | 정상미
디자인 | oh! studio
마케팅 총괄 | 나재승
마케팅 | 서재욱, 오승수
온라인 마케팅 | 김철영, 김도연
인터넷 관리 | 김상규
제작 | 현대순
총무 | 윤선미, 안서현, 지이슬
관리 | 김훈희, 이국희, 김승훈, 최국호

발행처 | ㈜동양북스
등록 | 제2014-000055호
주소 | 서울시 마포구 동교로22길 14 (04030)
구입 문의 | 전화 (02)337-1737 팩스 (02)334-6624
내용 문의 | 전화 (02)337-1739 이메일 dymg98@naver.com
네이버포스트 | post.naver.com/dymg98
인스타그램 | @shelter_dybook

ISBN 979-11-5768-938-5 03190